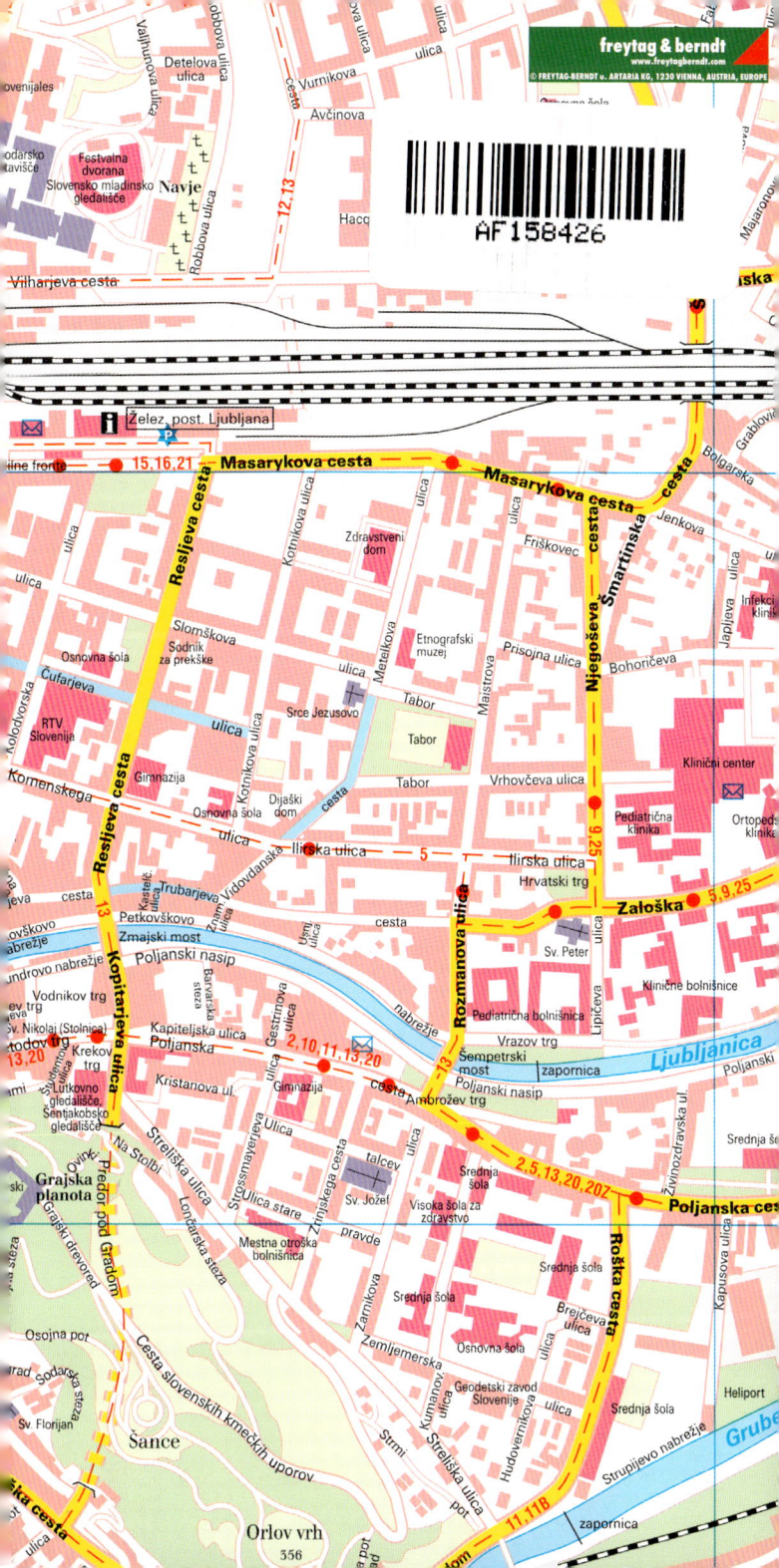

Simon Ošlak-Gerasimov

Ljubljana

GEHEN, SEHEN & GENIESSEN

5 Routen durch die Hauptstadt Sloweniens
Geschichte, Kultur, Sightseeing,
Essen, Trinken, Stadtleben

FALTER VERLAG

ISBN 978-3-85439-593-5
© 2017 Falter Verlagsgesellschaft m.b.H.
1011 Wien, Marc-Aurel-Straße 9
T: +43/1/536 60-0, F: +43/1/536 60-935
E: bv@falter.at, service@falter.at
W: faltershop.at
Alle Rechte vorbehalten.

Autor: Simon Ošlak-Gerasimov

Lektorat: Helmut Gutbrunner

Fotos: detaillierter Bildnachweis auf Seite 128

Karten: Freytag-Berndt und Artaria KG

Umschlagdesign: Dirk Merbach

Grafik und Layout: Marion Großschädl

Produktion: Susanne Schwameis

Gedruckt in der EU

Dieses Buch erhebt keinen Anspruch auf Vollständigkeit. Obwohl wir versucht haben, so gründlich wie möglich zu sein, können wir Änderungen bei aktuellen Angaben wie Öffnungszeiten, Telefonnummern etc., die sich nach Erscheinen des Buches ergeben haben, nicht ausschließen. Bitte haben Sie dafür Verständnis, dass wir keine inhaltliche Haftung übernehmen.

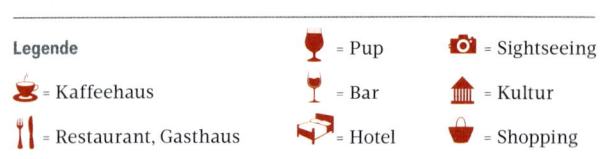

Legende		
☕ = Kaffeehaus	🍷 = Pup	📷 = Sightseeing
🍴 = Restaurant, Gasthaus	🍸 = Bar	🏛 = Kultur
	🛏 = Hotel	👜 = Shopping

Ljubljana – die geliebte Stadt		7
Zeittafel		11

1 Von der Altstadt auf die Burg ... 15

2 Auf den Spuren Jože Plečniks und darüber hinaus ... 35

3 Zeitreise in die Antike entlang der Slovenska cesta ... 57

4 Von Park zu Park durch die Grüne Hauptstadt Europas ... 75

5 Essen, Trinken und das bunte Nachtleben von Ljubljana ... 99

Informationen und nützliche Adressen ... 119
Bildnachweis ... 128
Register ... 129

Blick auf Ljubljana von der Burg aus

Ljubljana – die geliebte Stadt

Wenn wir der Volksetymologie glauben, dann kommt der Stadtname Ljubljana (Laibach) von *ljubljena,* was im Slowenischen so viel wie „Geliebte" bedeutet. Tatsächlich wird die Hauptstadt Sloweniens gerade in den letzten Jahren sowohl von den Einheimischen wie auch von internationalen Gästen und Organisationen geradezu in den Himmel gelobt. Anscheinend geht die Stadtentwicklung in die richtige Richtung, denn die Besucherzahlen steigen Jahr für Jahr und die Preise, die die Stadt einheimst, häufen sich. Zu den wichtigsten Auszeichnungen zählt sicherlich die Ernennung Ljubljanas zur Grünen Hauptstadt Europas 2016 (European Green Capital) durch die Europäische Kommission. Dieser Titel bestätigt die herausragenden Leistungen der Stadt in den Bereichen nachhaltiger Tourismus und Umweltschutz. Die Stadtverwaltung hat sehr viel in die Begrünung, öffentliche Mülltrennung sowie die Verkehrsberuhigung investiert. Unter anderem hat man 2015 die Slovenska cesta, die verkehrsreichste Straße der Innenstadt, im Zentrum für den Autoverkehr gesperrt, die Fußgängerzone ausgeweitet und Bäume gepflanzt. Bereits 2012 hat man die Uferpromenade am Fluss Ljubljanica erneuert und ausgedehnt sowie die Brücken renoviert. Dafür bekam man den European Prize for Urban Public Space. Die vielen Cafés an der Ljubljanica und die zahlreichen Brücken sorgen für mediterrane Stimmung und laden zum Flanieren in der verkehrsberuhigten Innenstadt ein. Die pittoreske Altstadt mit ihren mittelalterlichen Gässchen und barocken Palais erstreckt sich malerisch zwischen dem Burghügel und dem Fluss, der sich wie ein venezianischer Kanal durch die Stadt zieht. Die zurückgelehnte und übersichtliche Stadt ist wie geschaffen für gemütliche Spaziergänge, die man mit romantischen Bootsfahrten oder richtigen Wanderungen am über dreißig Kilometer langen „grünen Ring" um die Stadt ergänzen kann. Vor allem bei jüngeren Leuten ist Ljubljana äußerst beliebt, da es ein reichhaltiges Angebot an günstigen Übernachtungsmöglichkeiten und ein vielfältiges Veranstaltungsprogramm im Freien gibt. Die internationale Attraktivität Ljubljanas hat auch viel mit der Lage der Stadt zu tun. Sie liegt im Herzen Sloweniens, das sich trotz seiner geringen Größe als einziges europäisches Land über vier unterschiedliche geografische Regionen erstreckt: die

← **Die Križevniška ulica, eine der idyllischsten Gassen**

Abschnitt der Drei Brücken von Jože Plečnik aus der Vogelperspektive

Alpen, das Mittelmeer, das Pannonische Becken und das Karstgebiet. Da Ljubljana genau im Zentrum Sloweniens liegt, sind Tagesexkursionen etwa zum im venezianischen Stil erbauten Städtchen Piran an der Adriaküste oder in das Naturschutzgebiet der Julischen Alpen aufgrund der kurzen Wege kein Problem. Unbedingt zu empfehlen sind auch Tagesausflüge zum malerischen Bleder See mit seiner Felsenburg sowie der einzigen Insel Sloweniens oder nach Postojna, in die meistbesuchte Grotte Europas mit der nahe gelegenen Höhlenfestung von Predjama. Beide Destinationen sind nur rund fünfzig Kilometer von Ljubljana entfernt. Die Lage Ljubljanas im südlichen Mitteleuropa, Schnittpunkt zwischen der slawischen, germanischen und romanischen Welt, ist dem Besucher auf Schritt und Tritt evident. Auch in der Küche zeigt sich die jahrhundertelange Verbundenheit mit dem Vielvölkerreich der Donaumonarchie. Gulasch, Palatschinken, Rindsuppe, Strudel und etliche weitere Gerichte aus der gemeinsamen Küche des Habsburgerreiches findet man auf den Speisekarten der Gasthäuser der Stadt. In Ljubljana sind alle den alten Kontinent bestimmenden künstlerischen und architektonischen Strömungen, von der Antike bis zum Modernismus, vertreten. Die Stadt präsentiert sich wie eine Freiluftgalerie, vor allem der Jugendstil ist mit einer Reihe architektonischer Perlen präsent. Nach dem großen Erdbeben von 1895 wurden ganze Straßenzüge zwischen der Altstadt und dem Hauptbahnhof nach dem Vorbild von Prag und der Wiener Secession neu erbaut. An den umfangreichen Projekten waren einige Architekten beteiligt, die ihr Handwerk in der damaligen Residenzhauptstadt Wien erlernt hatten. Der wichtigste und prägendste war, neben Maks Fabiani, zweifelsohne der in Ljubljana geborene Jože Plečnik.

Ljubljana als Gesamtkunstwerk von Jože Plečnik

Zu behaupten, Jože Plečnik (1872–1957) sei der bei weitem wichtigste Architekt Ljubljanas, ist gewiss nicht zu hoch gegriffen. Von der Burg über die Markthallen bis zu den Brücken über die Ljubljanica erstreckt sich sein Einfluss, bis in kleinste stadtplanerische Details formt er die Stadt zu einem ästhetischen Gesamtkunstwerk. In Plečniks Überlegungen fanden antike Gestaltungsprinzipien und Standpunkte der Moderne zusammen. Mit Ljubljana verband der Meisterarchitekt die Vorstellung von einem slowenischen Athen mit der mittelalterlichen Burg als Akropolis und dem Marktplatz mit seinen Arkaden als Agora. Ursprünglich sollte Jože Plečnik Handwerker werden. Von Ljubljana ging er nach Graz, wo er die Tischlerausbildung abschloss und bereits erste architektonische Entwürfe zeichnete. In Wien wurde er in die Meisterklasse von Otto Wagner, dem damals bedeutendsten österreichischen Architekten, aufgenommen und zu einem seiner besten Schüler. Das erste große Projekt von Plečnik war die Planung des Zacherlhauses (1903–1905) in Wien, welches als Pionierwerk der damaligen modernen Architektur gilt. Aufgrund weiterer herausragender Arbeiten in Wien, wie etwa der Heilig-Geist-Kirche in Ottakring (1910–1912), wurde Plečnik an die Akademie der bildenden Künste in Prag berufen. 1920 wurde er vom damaligen tschechoslowakischen Staatspräsidenten Tomáš G. Masaryk offiziell zum Architekten der Prager Burg ernannt. Plečnik war somit für

Stadtführung Kulinarisches Ljubljana
Taste Ljubljana
Mittwochs und samstags um 12.00 Uhr von der TIC Ljubljana. 38.00 EUR pro Person. Tickets unter: **www.visitljubljana.com**

Genuss wird in dieser Stadt groß geschrieben: Street-Food-Festival

die Neugestaltung des größten geschlossenen Burgkomplexes Europas, der dortigen Parkanlagen und der Präsidentenräume verantwortlich. Ab 1921 lebte er abwechselnd in Prag und Ljubljana, wo er sich auch ein Atelier einrichtete und ein ganzheitliches stadtplanerisches Konzept für seine Geburtsstadt durchsetzte. Vor allem am Fluss Ljubljanica führte er wichtige Gestaltungsmaßnahmen durch, die das heutige mediterrane Erscheinungsbild Ljubljanas prägen. In seinem Stil war Plečnik im wahrsten Sinne des Wortes Brückenbauer zwischen Venedig und Wien. Er regulierte den Fluss wie einen Kanal, baute Brücken, versah die Landzunge Špica mit einem Badestrand und schuf Anlegestellen für Boote und Schiffe. Neben seiner neu geschaffenen Bauten, wie dem markanten Haus der National- und Universitätsbibliothek (NUK) oder dem Friedhofskomplex Žale, waren es auch seine Neugestaltungen, die der Stadt ihr Gepräge geben. Dabei handelte Plečnik immer nach dem Prinzip der Bewahrung der historischen Bausubstanz, die er durch Hinzufügung neuer Elemente und Inhalte bereicherte. Ohne Plečnik gäbe es wahrscheinlich die von ihm neu gestaltete römische Stadtmauer des antiken Emona im Stadtviertel Mirje nicht mehr. Das Kreuzritterkloster Križanke wäre heute im besten Fall ein Museum, durch Plečniks Neugestaltung ist es aber das beliebteste Freilichttheater der Stadt. Der größte Verdienst von Jože Plečnik ist, dass er Ljubljana zu einem lebenswerteren Ort machte. Seine Brücken, Spazierwege und Gebäude sind voll mit Menschen, die sich an seiner lebendigen Architektur erfreuen.

Zeittafel

Ca. 5000 v. Chr. Auf dem heutigen Gebiet Ljubljanas entstehen erste Siedlungen mit Pfahlbauten im Sumpfgebiet, im Laufe der Zeit siedeln sich auch Illyrer und Kelten an. Im Moor Ljubljanas fanden Archäologen das weltweit älteste Holzrad mit Achse als Beispiel für die dortige Pfahlbau-Kultur.
35 v. Chr. Im antiken Rom bekommt die Siedlung den Namen Emona.
Ca. 50 v. Chr. Das antike Emona wird zum römischen Militärlager mit Schutzmauer. Es werden gepflasterte Straßen, eine Kanalisation und bodenbeheizte Häuser gebaut.
452 n. Chr. Emona wird von den Hunnen unter der Herrschaft Attilas bei einem seiner vielen Kriegszüge gegen das Römische Imperium zerstört.
6. Jh. Slawen siedeln sich auf dem heutigen Gebiet Ljubljanas an.
9. Jh. Ljubljana kommt unter die Herrschaft der Franken.
1112–1125 Erstmals wird die von den Spanheimern gegründete und ausgebaute Stadt urkundlich als „Castrum Leibach" erwähnt und im Rahmen des Heiligen Römischen Reiches von der Burg aus verwaltet. Noch heute ist in Österreich der Name Laibach für Ljubljana gebräuchlich.
1146 Erstmalige urkundliche Erwähnung des slowenischen Stadtnamens Ljubljana als „Luwigana" in einem Schreiben des Patriarchen Pelegrin I. von Aquileia, der östlich der Stadt auch das älteste Kloster im heutigen Slowenien, namens Stična, gründet.
1335 Unter den Habsburgern wird Ljubljana zur Hauptstadt des Herzogtums Krain auf dem heutigen Gebiet Zentralsloweniens.
1461 Kaiser Friedrich III. ernennt Ljubljana zur Diözese und der heutige Dom St. Nikolaus wird zur Kathedrale erhoben.
1597 Neben der St.-Jakobs-Kirche wird im Zuge der Gegenreformation ein Jesuitenkolleg als erste Hochschuleinrichtung Ljubljanas mit den Fächern Theologie und Philosophie gegründet. Das Abschlussjahr müssen die Studenten in Graz oder Wien absolvieren.
1701 Die heutige Slowenische Philharmonie wird unter dem Namen Academia Philharmonicorum gegründet und gilt als eine der ältesten Orchester Europas. Zu den bekanntesten Mitgliedern des Hauses zählen Haydn, Beethoven, Paganini und Brahms.
1809–1813 Unter der kurzen Herrschaft Napoleons über Teilgebiete der Österreichischen Monarchie wird Ljubljana zur Hauptstadt der von den Franzosen gegründeten Illyrischen Provinzen

(Provinces illyriennes), deren Gebiet sich von der südadriatischen Küste Kroatiens bis nach Kärnten erstreckt.

1849 Die Eisenbahnverbindung Wien–Ljubljana wird im Rahmen der Südbahn eröffnet, die später weiter bis nach Triest führt und somit wirtschaftlichen und kulturellen Aufschwung bringt.

1895 Bei einem starken Erdbeben werden große Teile Ljubljanas zerstört, woraufhin eine Urbanisierungswelle mit neoklassizistischen und Jugendstilbauten folgt, die das heutige Stadtbild außerhalb des Stadtkerns prägen.

1918 Nach dem Ersten Weltkrieg und dem Zerfall der Habsburgermonarchie wird Ljubljana Teil des Königreichs Jugoslawien, in dem Slowenen, Kroaten und Serben vereint sind.

1919 In Ljubljana wird die erste slowenische Universität mit Hauptsitz im ehemaligen Landhaus des Krainer Landtages gegründet.

1921 Der anerkannte Architekt Jože Plečnik zieht von Wien nach Ljubljana um dort an der Technischen Fakultät zu unterrichten. Mit seinen vielen Projekten prägt er das Stadtbild maßgeblich.

1933 Das größte moderne Hochhaus Jugoslawiens wird in Ljubljana gebaut und der erste slowenische zivile Flughafen unweit der Stadt eröffnet.

1942 Während des Zweiten Weltkriegs wird Ljubljana von den italienischen Faschisten besetzt und mit Stacheldraht umzäunt, um die Stadt von im Widerstand kämpfenden Partisanen abzuschotten.

1943 Die Stadt wird von Nazi-Deutschland besetzt und die Zivilbevölkerung durch Erschießungskommandos terrorisiert.

1945 Am 9. Mai wird Ljubljana vom Nazi-Regime befreit und zur Hauptstadt der Volksrepublik Slowenien im kommunistischen Jugoslawien unter Josip Broz Tito.

1977 Am Gymnasium Moste in Ljubljana findet das erste dokumentierte Punkkonzert Jugoslawiens statt, es markiert den Beginn einer starken alternativen Kulturszene, die die Stadt bis heute prägt.

1991 Nach dem Zerfall Jugoslawiens wird Slowenien für unabhängig erklärt und Ljubljana erstmals Hauptstadt eines selbstständigen Staates.

2004 Die Republik Slowenien tritt im Rahmen der Osterweiterung der Europäischen Union bei und wird Mitglied der Nato.

2016 Ljubljana wird aufgrund herausragender Leistungen im Bereich Umweltschutz und Lebensqualität von der Europäischen Kommission zur Umwelthauptstadt Europas (European Green Capital) ernannt.

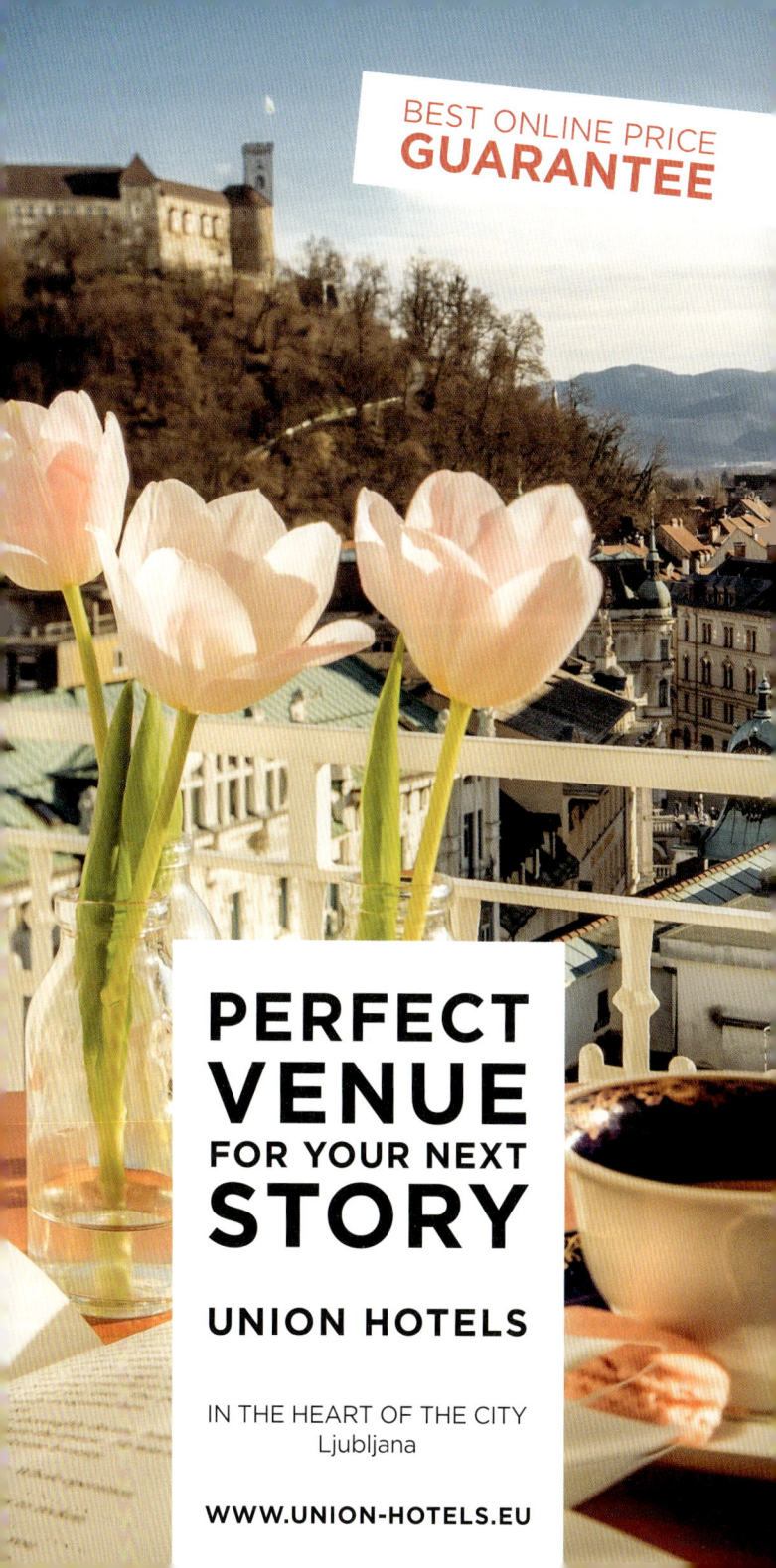

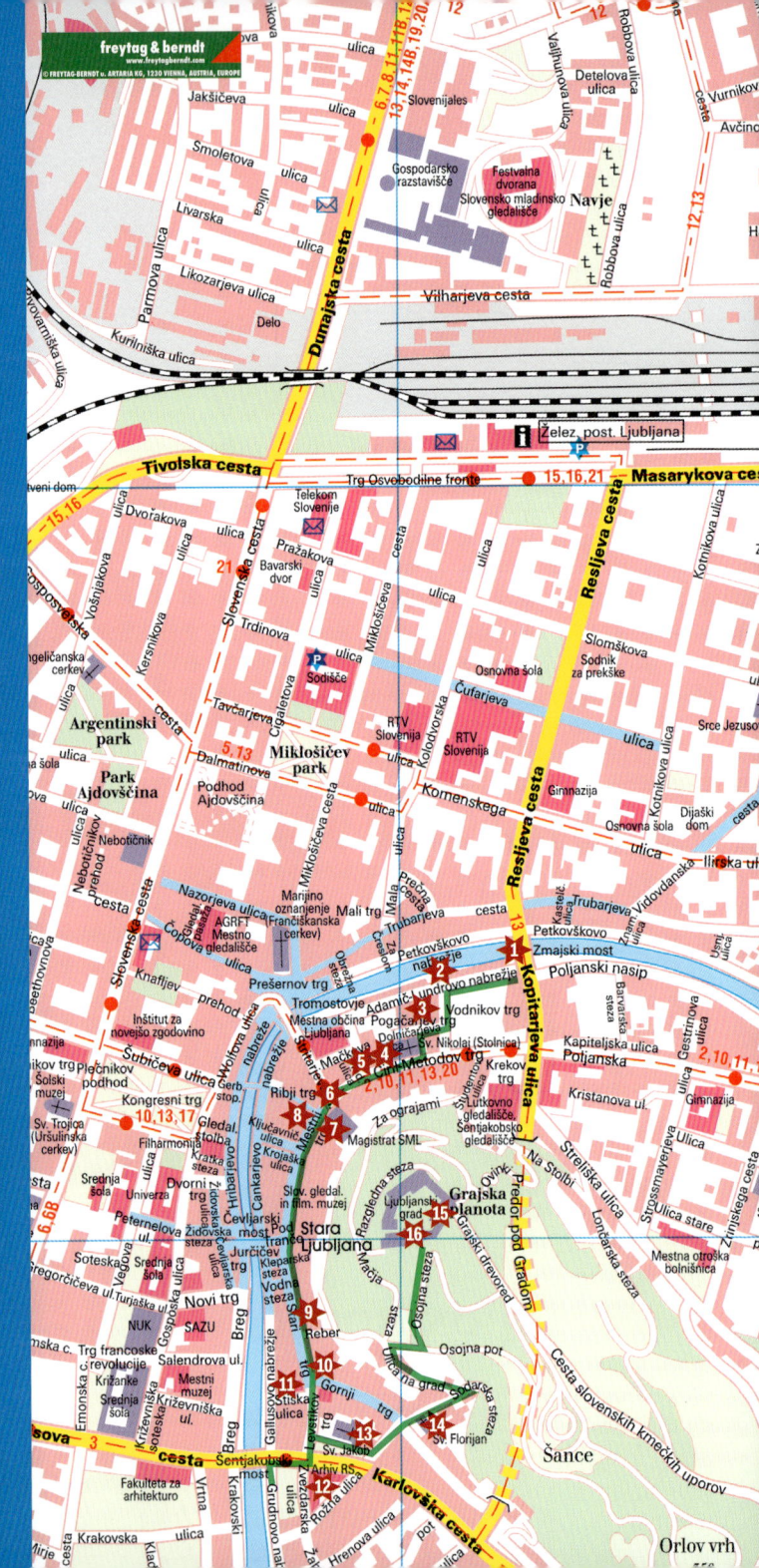

Durchs Stadtzentrum schlängelt sich der Fluss Ljubljanica

1 Von der Altstadt auf die Burg

AUSGANGSPUNKT
Slowenisches Tourismus-Informationszentrum am Krekov trg

ENDPUNKT Burg von Ljubljana

DAUER ca. 3 Stunden

DIE ROUTE Etappe 1: Krekov trg – Vodnikov trg ❶ Drachenbrücke – Zentraler Marktplatz (❷ Arkaden von Jože Plečnik) – Dolničarjeva ulica (❸ Priesterseminar, ❹ Domkirche St. Nikolaus) – Ciril-Metodov trg (❺ Bischofspalais) – Mestni trg (❻ Brunnen der Krainer Flüsse, ❼ Rathaus, ❽ Souvan-Haus) – Stari trg (❾ Schweiger-Haus, ❿ Herkulesbrunnen, ⓫ Residenz des Klosters von Stična) – Gornji trg.
Etappe 2: Stari trg – Levstikov trg – Zoisova cesta – Grudnovo nabrežje – Zvezdarska ulica (⓬ Palais Gruber) – Gornji trg (⓭ Jakobskirche mit Mariensäule) – Rožna ulica – Gornji trg (⓮ St.-Florian-Kirche) – Ulica na grad – Osojna pot – Grajska planota (⓯ Burg, ⓰ Burgkapelle St. Georg) – mit der Stadtseilbahn zurück zum Krekov trg

Einer der vier Drachen der berühmten Drachenbrücke

Die Route führt uns vom lebendigen Zentralen Marktplatz ins Innere der Altstadt, die sich in engen, mittelalterlichen Gassen zwischen der Burg und dem Fluss Ljubljanica erstreckt. Auf diesem Weg lernen wir die Entstehungsgeschichte der Stadt kennen und kommen zu den wichtigsten repräsentativen Gebäuden, dem Dom St. Nikolaus, dem historischen Rathaus und schließlich zur weithin sichtbaren Burg, auf der es nicht nur viel zu sehen, sondern auch viel zu genießen gibt. In relativ kurzer Zeit können wir uns bei dieser Tour einen ersten Überblick über die Stadt verschaffen.

Etappe 1: Von der Drachenbrücke bis zum Alten Platz

Wir beginnen unsere Tour vor dem ★ **Tourismus-Informationszentrum** (Krekov trg 10, Mo–Fr 8–19, Sa, So und Fei 9–17, 1. Juni bis 30. Sept. 8–21 Uhr) in unmittelbarer Nähe zum Zentralen Marktplatz. Hier können Sie sich mit diversen Broschüren und thematischen Stadtplänen kostenlos eindecken. Sehr empfehlenswert ist die Anschaffung der Ljubljana Card, mit der Sie praktisch zu allen größeren Museen Zutritt haben, freien Internetzugang genießen und zum Beispiel auch eine Bootstour am Fluss machen können.

Der Fluss Ljubljanica umrundet die Altstadt sanft wie ein venezianischer Kanal und sorgt mit vielen kleinen Cafés direkt am Ufer für mediterranes Flair. Gleich beim Zentralen Marktplatz führt rechts die **Drachenbrücke** (Zmajski most) über die Ljubljanica, eines der berühmtesten architektonischen Wahrzeichen der Stadt. Der Drache ist auch das Wappentier Ljubljanas, denn nach mythologischer Überlieferung soll kein Geringerer als der antike Held Jason in den hiesigen Sümpfen einen Drachen getötet haben, als er mit seinen Argonauten auf der Suche nach dem Goldenen Vlies war; in der Folge gründete er die Stadt am Fluss, in der wir uns jetzt befinden. Die Brücke ist ein wahres Meisterwerk des Jugendstils und wurde 1901 zu Ehren der vierzigjährigen Regentschaft Kaiser Franz Josephs I. gebaut. Die Eisenbetonkonstruktion zählt zu den ersten ihrer Art in Europa. Die vier Drachen stammen von Jurij Zaninović (1876–1946), einem aus Dalmatien stammenden Schüler des berühmten Wiener Architekten Otto Wagner. Nachdem wir ein Foto mit dem beliebten Motiv der respekteinflößenden Kupferdrachen gemacht haben, gehen wir in Richtung Vodnikov trg. Dieser Platz wurde nach dem Dichter Valentin Vodnik (1758–1819) benannt, dessen **Statue** wir am Rand des Marktplatzes sehen können. Es fällt auf, dass sich sein Gesicht vom Markt abwendet, ursprünglich blickte er nämlich Richtung Lyzeum, das mittlerweile jedoch abgerissen wurde. Vodnik war nicht nur der Verfasser des ersten slowenischen Gedichtbandes, er war auch der erste Zeitungsherausgeber und er schrieb 1799 das erste slowenische Kochbuch, das auch in Ljubljana erschienen ist. Dazu wurde er sicherlich durch die köstlichen Lebensmittel auf dem Zentrale Marktplatz inspiriert, auf dem wir uns jetzt befinden. Er besteht im Wesentlichen aus drei Teilen:

> ★ **UNBEDINGT HINGEHEN**
>
> **Die Drachen auf der Brücke**
> Zmajski most → Seite 16
> **Markthallen in den Arkaden**
> **von Jože Plečnik** → Seite 17
> **Seitengassen der**
> **Altstadt** → Seite 26

Am Fluss entlang ziehen sich die prachtvollen überdachten Marktstände unter den **2 Arkaden von Jože Plečnik** (Adamič-Lundrovo nabrežje 2–7, Mo–Fr 7–16, Sa 7–14 Uhr, So geschlossen). Plečnik (1872–1957) prägte wie kein anderer das Stadtbild Ljubljanas. Auf den Plätzen Vodnikov trg und Pogačarjev trg befinden sich die **Marktstände im Freien** für Bauern aus der näheren und ferneren Umgebung, die vor allem frisches Gemüse, Obst und Blumen anbieten (Sommer: Mo–Fr 6–18, Sa 6–16 Uhr, So geschlossen; Winter: Mo–Sa 6–16 Uhr, So geschlossen; 1. April bis 31. Okt. So und Fei 9–18 Uhr). Daran schließt die **überdachte Markthalle** (Pokrita tržnica, Pogačarjev trg 1, ganzjährig Mo–Fr 7–16, Sa 7–14 Uhr, So geschlossen) an, in der man die köstlichsten

Lebensmittel aus ganz Slowenien probieren und kaufen kann. Man sagt sogar, dass die Fische aus der Adria hier am Markt am frischesten sind, weil sie nach dem Fang sofort in die Hauptstadt gebracht und dann in die Regionen verkauft werden. Hier bekommen Sie neben frischem Fisch zum Beispiel auch Rohschinken aus dem Karst *(Kraški pršut)*, intensiv geräucherte Trziner Würste *(Trzinska klobasa)*, wohlriechende getrocknete Feigen *(suhe fige)*, Olivenöl aus dem Küstengebiet *(oljčno olje)*, frisches Brot aus dem Holzofen *(kruh iz krušne peči)* und sogar Bärenfleischsalami *(medvedja salama)*. In Slowenien gibt es nämlich so viele Braunbären, dass eine gewisse Anzahl von ihnen jedes Jahr zum Abschuss freigegeben wird; das Fleisch wird zu allen möglichen Köstlichkeiten verarbeitet. Wem die Bärenfleischsalami zu exotisch ist, der kann sich auch eine Pferdefleischsalami *(konjska salama)* am Markt kaufen, die sich in Slowenien zunehmender Beliebtheit erfreut. Ein wahrer Hit bei den Einheimischen ist auch der Mlekomat, ein Milchautomat neben dem Eingang zur überdachten Markthalle mit frischer Kuhvollmilch vom Fuße des nahen Berges Šmarna gora. Ein Liter kostet nur einen Euro. Nach dem Verkosten der slowenischen Spezialitäten biegen wir links vom Milchautomaten am Vodnik-Platz in eine schmale Gasse, die Dolničarjeva ulica, ein und gehen weiter Richtung Altstadtkern zum imposanten barocken Eingangsportal des **3 Priesterseminars** (Bogoslovno Semenišče, Dolničarjeva ulica 4, Tel. +386 01 300 19 72, E-Mail: info@semenisce.si,

Unzählige Marktstände am Vodnikov trg und Pogačarjev trg

Die Arkaden von Jože Plečnik am Ufer der Ljubljanica

www.semenisce.si), das 1717 gegründet wurde. Das Portal ist das Werk des Steinmetzen Luka Mislej (1670–1727) aus Ljubljana und die beiden Herkulesstatuen stammen von Angelo Putti. Die noch größere Attraktion des Hauses ist jedoch die sehr gut erhaltene barocke Bibliothek, die jeden Bücherfreund vor Freude erstrahlen lässt. Über zwei Etagen erstreckt sich diese erste öffentliche Bibliothek der Stadt, die zugleich auch die einzige noch komplett im barocken Stil erhaltene in Slowenien ist. Die Decke ist mit wunderschönen illusionistischen Fresken mit Allegorien verschiedener Wissenschaften geschmückt. Die zahlreichen kostbaren Bücher und wertvollen Handschriften liegen in Eichenholzschränken aus dem 18. Jh. Leider ist die Bibliothek nicht ohne Voranmeldung (per E-Mail oder Anruf) zu besichtigen, was jedoch wärmstens zu empfehlen ist. Vom Priesterseminar führt uns der Weg durch die dem Portal gegenüberliegende Gasse zum Ciril-Metodov trg, wo wir das allseits bekannte Kreuzzeichen des Malteserordens erblicken und rechts abbiegen. Auf der rechten Seite nähern wir uns der
4 Domkirche St. Nikolaus (Stolnica svetega Nikolaja, Dolničarjeva ulica 1) und gehen am Seitenportal (Ciril-Metodov trg) vorbei, auf dem alle Bischöfe Ljubljanas, die im 20. Jh. wirkten, verewigt sind. Die Kathedrale ist dem heiligen Nikolaus gewidmet, dem bei den Slawen beliebtesten Heiligen. Er gilt als Schutzpatron der Seefahrer, Fischer und Händler. Die Kirchen oder Plätze in der Nähe von Flüssen sind daher oft nach ihm benannt. Von außen gesehen ist

Die Domkirche St. Nikolaus

der beeindruckendste Bereich das Hauptportal. Über zwei Bögen führt ein Gang vom Bischofspalais zum Dom. Das Eingangstor wurde von Tone Demšar im Jahre 1996 aus Bronze gefertigt und stellt in Relieformen die Geschichte der Slowenen dar: Ganz unten sieht man die Überreste der antiken Kulturen, auf denen ein Lindenbaum – das Symbol des slowenischen Volkes – wächst. Der linke Ast zeigt die karantanischen Fürsten Gorazd und Hotimir, die am Chiemsee getauft wurden und die Christianisierung der Slowenen einleiteten (Karantanien gilt als erstes slawisches Fürstentum und Wiege der slowenischen Kultur, 7. bis 10. Jh.). Der rechte Ast zeigt das

---

UNBEDINGT HINGEHEN

Renaissance-Innenhof
des Rathauses → Seite 25
Burgkapelle St. Georg mit
Wappenfresken → Seite 32

---

fürs Mittelalter einzigartige Ritual der Inthronisierung der karantanischen Fürsten auf dem Fürstenstein in Anwesenheit des einfachen Volkes. Bemerkenswert sind die Bücher hochhaltenden Hände rechts oben. Es handelt sich dabei um jene Primož Trubars, des, wenn man so will, slowenischen Martin Luther. Trubar war Protestant, hat die ersten gedruckten slowenischen Bücher (1550) geschrieben und hielt auch einige sehr gut besuchte Predigten in diesem Dom, bevor man ihn aus Ljubljana verbannte. Der Protestantismus hat sich in Slowenien nur im äußersten Nordosten des Prekmurje (Gebiet an der Mur an der Grenze zu Ungarn und Österreich) gehalten, Ljubljana war aber eine Zeit lang ein wichtiges Zentrum für Protestanten. Ganz oben auf dem Hauptportal sehen wir das Abbild des Papstes Johannes Paul II., der Slowenien zwei Mal besuchte und sich hierzulande unter den Gläubigen großer Popularität erfreute. Der Vatikan war einer der ersten Staaten, der 1991 das eigenständige Slowenien anerkannt hatte.

Das Innere des Domes, der ursprünglich Mitte des 13. Jhs. als romanische Kirche gebaut wurde, glänzt in barocker Pracht. Der heutige Kirchenbau entstand ab 1701 nach Plänen des aus Trient stammenden Architekten und Malers Andrea Pozzo (1642–1709), der auch in Wien und Triest wirkte. Die beeindruckende Kuppel, die seit 1841 das Altstadtbild Ljubljanas maßgeblich prägt, ist ein Werk Matej Medveds (1796–1865). Der Bau gilt als wahres architektonisches und technisches Meisterwerk, da die Kuppel innen rund und außen achteckig gestaltet ist.

Gleich neben der Domkirche befindet sich das **Bischofspalais** (Škofijski dvorec, Ciril-Metodov trg 4,

Heimstätte der Krainer Wurst, das Klobasarna

Tel. +386 01 234 26 00), der heutige Sitz des slowenischen Metropoliten. Der ursprüngliche Renaissancebau wurde wie so manch anderer Bau in Ljubljana barockisiert und hat den schönsten Arkadenhof der Stadt. Ende des 18. Jhs. erhielt das Palais die im Zopfstil gestaltete Fassade und man baute den markanten, hoch stehenden Gang, der das Palais mit der Domkirche verbindet. Napoleon selbst soll hier einige Male genächtigt haben, und in der Zeit, als Ljubljana Hauptstadt der vom französischen Kaiserreich errichteten Illyrischen Provinzen (1809–1816) war, bewohnten die verwaltenden Gouverneure das Palais.

Links vom Bischofspalais erblicken wir zwei riesige, in der Luft hängende Würste mit der Aufschrift „Klobasarna", die den Eingang des begehrtesten Wurstladens der Altstadt, des **Klobasarna** (Ciril-Metodov trg 15, Tel. +386 51 60 50 17, www.klobasarna .si, Sommer: Mo–Sa 10–23, So 10–15 Uhr, Winter: Mo–Sa 10–21, So 10–15 Uhr), markieren. In diesem Lokal dreht sich alles um die originale Krainer Wurst, die nicht mit der österreichischen Käsekrainer zu verwechseln ist. In dieser typisch slowenische Wurst aus dem historischen Gebiet Krain (heute Zentralslowenien) mit geografisch geschützter Herkunftsbezeichnung dürfen weder Käse noch künstliche Zusätze enthalten sein, sie wird nur als Original, bei dem das Wurstpaar – wie an den Riesenwürsten über dem Eingang deutlich zu sehen – mit einem Holzspies zusammengehalten wird, akzeptiert. Krainer Würste werden mit frischer Semmel, Senf und

Kren serviert. Dazu gibt es für die ganz Hungrigen auch die traditionellen *štruklji,* Teigrollen, die meist zu Fleischgerichten serviert werden. Da *štruklji* mit Topfen gefüllt und mit zerlassenen Grammeln oder in der Lightversion mit Butter übergossen werden, sind sie auch als Hauptspeise geeignet. Dazu trinkt man am besten entweder das lokale Union Bier oder das im steirischen Bad Radkersburg von einem slowenischen Jungbrauer hergestellte Craft-Bier Bevog, das bereits mehrfach ausgezeichnet wurde.

Nur einige Schritte weiter sehen wir auf der linken Seite an der Fassade einen Falken hängen, darüber ein Schild mit der Aufschrift „Sokol". Das **Sokol** (Ciril-Metodov trg 18, Tel. +386 01 439 68 55, www.gostilna-sokol.com, Mo–Sa 7–23, So und Fei 10–23 Uhr) ist eines der bekanntesten alteingesessenen Gasthäuser der Altstadt. Obwohl es auf den ersten Blick wie einer Touristenfalle anmutet, ist es vor allem wegen der günstigen Mittagsmenüs zu empfehlen. Im Sokol wird auch wohlschmeckendes dunkles und helles Bier aus der hauseigenen Brauerei ausgeschenkt.

Auf unserer Route durch die Altstadt kommen wir nun auf den Stadtplatz (Mestni trg), auf dem sich der von weitem

← **Der barocke Brunnen der Krainer Flüsse von Francesco Robba**

sichtbare **6 Brunnen der Krainer Flüsse** mit Obelisken aus Marmor von Francesco Robba (1698–1757) befindet. Robba gilt als wichtigster Meister des barocken Ljubljana und hat in einigen Kirchengebäuden seine Spuren hinterlassen, unter anderem auch im Dom. Dieses bedeutende Denkmal entstand nach dem Vorbild römischer Brunnen, wobei die Marmorfiguren der Wassermänner die Flüsse Sava, Krka und den Stadtfluss Ljubljanica symbolisieren. Der Bau dieses Brunnens war dermaßen aufwendig und teuer, dass der venezianische Bildhauer Robba beinahe bankrottierte, immerhin wurde er als Dank für sein Schaffen zum Ehrenbürger der Stadt ernannt. Aufgrund des enormen kunsthistorischen Wertes wurde der Robba-Brunnen 2014 durch eine originalgetreue Kopie ersetzt, die an heißen Sommertagen für kühle Erfrischung sorgt. Das Original kann man in der Slowenischen Nationalgalerie (siehe Route 4) besichtigen.

Hinter dem Brunnen steht Ljubljanas repräsentatives historisches **7 Rathaus** (Mestna hiša, Mestni trg 1, Tel. +386 01 306 10 20, www.ljubljana.si) aus dem Jahre 1484. Das Rathaus mit Uhrturm wurde 1718 barockisiert und beherbergt zahlreiche Denkmäler der Stadtgeschichte. Empfehlenswert ist es, einen Blick in den wunderschönen Renaissance-

Innenhof zu werfen, in dem laufend Sonderausstellungen zu besichtigen sind oder städtebauliche Projekte vorgestellt werden. Dass Ljubljana schon länger auf dem richtigen Weg der Stadtplanung ist, bestätigt nicht nur die Ernennung zur Grünen Hauptstadt Europas 2016, sondern auch die Plakette des European Prize for Urban Public Space für die Neugestaltung des Flussufers und der Brücken aus dem Jahre 2012. In einer der schöns-

> ★ **UNBEDINGT HINGEHEN**
>
> **BuBBles Champagne**
> **Vander Bar** → Seite 27
> **Konditorei beim Brunnen /**
> **Slaščičarna pri vodnjaku**
> → Seite 29
> **Kaffeehaus im Burghof /**
> **Grajska kavarna** → Seite 33

ten Ecken des Arkaden-Innenhofes steht im Atrium der 🏛 **Narzissbrunnen** von Robba, hinter dem ein imposantes 🏛 **Wandfresko** den Stadtgrundriss aus der zweiten Hälfte des 17. Jhs. zeigt. Im 16. und 17. Jh. wurden im gotischen Saal Theaterveranstaltungen von Wanderkomödianten aufgeführt. Heute befindet sich hier der Sitz des Stadtparlaments. Für Interessierte werden jeden Samstag um 13 Uhr spezielle Führungen durch die Rathausräume, die bisher der Öffentlichkeit nicht zugänglich waren, veranstaltet. Geleitet werden sie dabei standesgemäß von Mitarbeitern in der traditionellen Bürgertracht von Ljubljana.

Eine weitere architektonische Perle am westlichen Ende des Mestni trg ist das 8 **Souvan-Haus** (Souvanova hiša, Mestni trg 24) direkt gegenüber dem Rathaus. Dieses bürgerliche Gebäude aus der Barockzeit Ende des 17. Jhs. wurde im Jahre 1827 umgestaltet und ist eines der schönsten Beispiele für den Biedermeierstil in Ljubljana. Die dekorativen Reliefs an der Frontseite symbolisieren Handel, Kunst und Landwirtschaft.

Unweit des Rathauses befinden sich in einem gelben, historischen Gebäude die Räumlichkeiten der 🏛 **Stadtgalerie** (Mestna galerija, Mestni trg 5, Tel. +386 01 242 17 70, www.mgml.si, Di–So 11–19, Do 11–21 Uhr, Mo und Fei geschlossen). Hier kann man sich einen Überblick über zeitgenössische Werke visueller Kunst verschaffen, die von slowenischen und internationalen Künstlern in wechselnden Ausstellungen präsentiert werden. Der Eintritt ist frei!

Wir flanieren nun weiter an der Schnittstelle der beiden ältesten Stadtteile vom Mestni trg, die im Mittelalter um den Burghügel entstanden sind, Richtung Alter Platz (Stari trg). Hier kann man sich in den alten, engen Gassen, die entweder links auf den Burghügel oder rechts Richtung Fluss führen, ein Bild über die historisch ge-

Rathaus mit Uhrturm am Mestni trg

wachsene Altstadt machen. Ein schönes Beispiel für solch ein Gässchen ist die Krojaška ulica rechts gegenüber der Stadtgalerie. Am Ende der engen Gasse kann man direkt am Fluss Ljubljanica bei einem Getränk verweilen und das Ambiente genießen. Im historischen Gässchen findet man die **BuBBles Champagne Vander Bar** (Krojaška ulica 6, Tel. +386 01 200 90 00, www.vander hotel.com, Mo–Sa 16–24 Uhr), die erste Champagner-Bar Ljubljanas, die in den Räumen des exklusiven Vander Resort Hotels beheimatet ist. Neben Champagner werden auch die erlesensten Weine Sloweniens mit Essensbegleitung aus der Haubenküche angeboten. Ein gelungener romantischer Abend ist in dieser edlen Bar garantiert.

Wir gehen auf dem Mestni trg weiter und kommen rechter Hand am Gasthaus **Güjžina** (Mestni trg 11, Tel +386 083 80 64 46, www.prekmurska -gostilna.si, Mo–So 8–24 Uhr) vorbei, in dem traditionelle Gerichte aus dem Prekmurje-Gebiet im Nordosten des Landes serviert werden. Die Preise sind aufgrund der Lage und der Beliebtheit für Slowenien relativ gesalzen, weshalb es empfehlenswert ist, in der Mittagszeit ein Menü zu bestellen und so einen guten Einblick in die pannonische Küchenrichtung Sloweniens zu bekommen. Klassiker aus diesem entlegenen und aufgrund des Dialekts auch etwas exotischen Teil Sloweniens sind etwa *bograč* (ähnlich wie Gulasch mit mehreren Fleischsorten), *bujta repa* (mit Schweinefleisch eingekochte saure weiße Rüben) oder *ajdova juha* (Buchweizensuppe). Es gibt auch einen Bistro-Bereich

Der Herkulesbrunnen auf dem Stari trg

für kleinere Häppchen, in dem Sie die *prekmurska gibanica*, die wohl berühmteste Süßspeise aus dem Prekmurje-Gebiet, probieren können. Die äußerst beliebte Kalorienbombe mit geografisch geschützter Herkunftsbezeichnung ist sehr üppig und besteht traditionell aus sechs verschiedenen Schichten aus Mohn, Topfen, Nüssen und Äpfeln und zwei unterschiedlichen Teigsorten. Ein kleines Stück reicht also völlig aus.

Von der Pannonischen Tiefebene des Gasthauses Gjüžina sind es nur wenige Schritte in den äußersten Südwesten Sloweniens, an die Adriaküste bzw. zum Geschäft 🛍 **Piranske soline** (Mestni trg 8, Tel. +386 01 425 01 90, www.soline.si, Mo–Fr 9–20, Sa 9–15, So und Fei 10–15 Uhr), wo Sie auf der linken Seite unseres Weges handgeschöpftes Meersalz aus den Salinen von Piran erwerben können.

Der Weg führt uns weiter auf den Platz Stari trg, dem ältesten Teil Ljubljanas, auf dem fast alle Häuser aus der Barockzeit und die Gassen aus dem Mittelalter stammen. Besonders sehenswert ist das ⭐9 **Schweiger-Haus** (Schweigerjeva hiša, Stari trg 11), das durch seine gut erhaltene spätbarocke Fassade auffällt. Am Ende des Alten Platzes steht der ⭐10 **Herkulesbrunnen** (Herkulov vodnjak), der in den Neunzigerjahren des 20. Jhs. als Interpretation des abgerissenen originalen barocken Brunnens entstand. Hinter dem Brunnen befindet sich die ⭐11 **Residenz des Klosters von Stična** (Stiški dvorec, Stari trg 34). Die Zisterzienserabtei unweit von Ljubljana entstand bereits im Jahre 1136 und ist somit das älteste Kloster Sloweniens. In der ersten Hälfte des 17. Jhs. bauten die Mönche für die Äbte an dieser Stelle ein Stadtpalais im frühbarocken Stil. Heute ist die ehemalige Residenz der Sitz der Musikakademie. Eine der schönsten Bauten hier ist auch eine der süßesten, denn im Inneren des barocken Bürgerhauses befindet sich die wohl kleinste, alteingesessene Konditorei Ljubljanas, die **Konditorei beim Brunnen** (Slaščičarna pri vodnjaku, Stari trg 30, Tel. +386 01 425 07 12). Wir empfehlen einen Blick ins Innere zu werfen, Sie werden entzückt sein!

Gegenüber befindet sich die legendäre **Galerie ŠKUC** (Galerija ŠKUC, Stari trg 21, Tel. +386 01 251 65 40, www.galerijaskuc.si, Di–So 12–20 Uhr, Mo geschlossen, Eintritt frei), die 1978 gegründet wurde und mitten in der Altstadt das wohl progressivste Kunstprogramm des gesamten Landes bietet. Die Galerie ist eng mit der provokanten Neuen Slowenischen Kunst (NSK), deren berühmtestes Aushängeschild die Industrial-Gruppe Laibach ist, verknüpft. In den Zeiten des Kommunismus war hier der Ort der größten künstlerischen Offenheit, und auch heute noch bietet die Galerie ŠKUC zeitgenössische Kunst auf internationalem Niveau.

Wir befinden uns nun an einer der schönsten Stellen der Altstadt, an der sich oberhalb des Brunnens der dritte historisch gewachsene Platz, der Obere Platz (Gornji trg), anschließt, der auf den Hügel zur Burg führt. Mit der **Pekarna Osem** (Gornji trg 23, www.pekarnaosem.com, Mo–Fr 8–18 Uhr, Sa und So geschlossen) hat sich hier ein junger Bäcker mit köstlich duftenden und auf traditionelle Art zube-

Traditionsreiche Konditorei: Slaščičarna pri vodnjaku

> ★ **France Prešeren
> (1800–1849)**

Er gilt als bedeutendster slowenischer Dichter. Sein Todestag (8. Februar) ist in Slowenien offizieller Kulturfeiertag, an dem alle Museen freien Eintritt haben. Sein Gedicht „Zdravljica" (Trinklied) wurde nach der Selbstständigkeit 1991 zur Bundeshymne der Republik Slowenien erkoren und der Prešeren-Preis ist die höchste Literaturauszeichnung des Landes. Prešeren zeigte bereits als Schüler großes Talent, weshalb ihm trotz seiner bäuerlichen Herkunft eine Ausbildung am Gymnasium in Ljubljana ermöglicht wurde. In Wien studierte er Rechtswissenschaften. Sein dichterisches Schaffen ist eng mit Ljubljana verbunden, wo auch sein einziger Gedichtband unter dem Titel „Poezije" im Jahre 1847 erschienen ist. Seine große Muse war Julija Primic. Er widmete der jungen Dame aus wohlhabenden Verhältnissen seinen berühmten „Sonetni venec" (Sonettenkranz). Prešeren war beliebt bei Kindern, denen er gerne getrocknete Feigen schenkte, woraus vor einigen Jahren eine spezielle Süßigkeit entstand: die Prešeren-Feigen *(Fige Prešernove)*. Diese mit Schokolade ummantelten, getrockneten Feigen werden bei speziellen Süßwarengeschäften und Konditoreien angeboten.

reiteten Brotsorten etabliert. Wer will, kann also frisches Brot mit auf den Weg nehmen und direkt von hier aus hinauf zur Burg gehen.

Etappe 2:
Vom Alten Platz bis zur Burg

Wir gehen zurück zum Stari trg von dort weiter zum anschließenden Levstik-Platz (Levstikov trg), überqueren die Straße Zoisova cesta und gehen zur Uferstraße Grudnovo nabrežje. Einige Schritte flussabwärts wenden wir unseren Blick zurück auf die Altstadt und den Burghügel. Dies ist zwar ein kleiner Umweg, aber er zahlt sich auf jeden Fall aus. Denn von hier aus bietet sich ein wunderschönes Panorama, das uns neben der Burg auch einige andere markante Bauwerke Ljubljanas präsentiert. Ganz rechts sehen wir das 12 **Palais Gruber** (Gruberjeva palača, Zvezdarska ulica 1), das vom Jesuiten Gabriel Gruber 1781 als Schule für Hydraulik und Mechanik gebaut wurde. Gruber ist eine Schlüsselfigur der frühen Stadtentwicklung, denn er ließ das Moor trockenlegen und einen Kanal (den Gruberjev prekop) zum Hochwasserschutz bauen. Heute befindet sich im Gruber-Gebäude das Archiv der Republik Slowenien. Links davon können wir die schöne, frühbarocke 13 **Jakobskirche** (Cerkev sv. Jakoba, Gornji trg 18) aus dem Jahre 1615 sehen. Im Inneren

Blick über die Altstadt zum Burghügel

offenbart sich eine Galerie venezianischer barocker Bildhauerkunst. Der Hochaltar stammt von Francesco Robba, der an diesem Platz wohnte. Der heutige Glockenturm im neogotischen Stil aus dem 19. Jh. ist der höchste der Stadt. Die Kirche wurde von Jesuiten neben ihrem Kloster erbaut, in dem sich die erste Hochschuleinrichtung der Stadt mit den Studienfächern Philosophie, Medizin und Recht befand. Das Kollegium wurde bei einem Brand zerstört, auf dem neu entstandenen Vorplatz errichtete man 1682 die Mariensäule (Marijin steber), die Jože Plečnik ihre heutige Form zu verdanken hat. Der Meisterarchitekt hat sie 1927 auf den von ihm neu gestalteten Platz aufstellen lassen und mit rundlichen Figuren umrahmt, zudem ließ er Bäume pflanzen. Wir begeben uns jetzt vom Flussufer zurück zur Mariensäule, umrunden die Jakobskirche und gehen auf der Straße Rožna ulica Richtung Burghügel. Am Haus Nr. 5 ist eine **Gedenktafel für France Prešeren** (1800–1849) angebracht, die daran erinnert, dass hier der größte slowenische Dichter einige Jahre wohnte und einige seiner schönsten Gedichte schrieb. Die in Weiß gehaltene **St.-Florian-Kirche** (Cerkev sv. Florijana, Gornji trg) rechter Hand markiert den Anfang des von Plečnik gestalteten Burgweges (Ulica na grad). Das Kirchengebäude wurde ursprünglich 1672 erbaut, musste aber wegen Brandschäden mehrere Male wieder aufgebaut werden, bis es 1934 von Jože Plečnik die heutige Form erhielt. In dieser Kirche befindet sich übrigens auch der Sitz der Mazedonisch-Orthodoxen

Im großen Burghof

Glaubensgemeinschaft Sloweniens.

Wir bleiben auf der Straße Ulica na grad, bis wir zu einer Gabelung kommen, von der wir auf den Weg Osojna pot abbiegen, der uns durch einen kurzen Waldabschnitt zur **15 Burg** (Ljubljanski grad, Grajska planota 1, Tel. +386 01 306 42 93, www.ljubljanski-grad.si, Jan. bis März; Nov. täglich 10–18 Uhr; April, Mai, Okt. täglich 9–21 Uhr; Juni bis Sept. täglich 9–23 Uhr; Dez. täglich 10–22 Uhr) führt. Die Burg besteht bereits seit dem 12. Jh., der Eintritt in den großen Burghof ist frei und es stehen einige Besichtigungsmöglichkeiten zur Verfügung. Auf jeden Fall lohnt sich ein Blick in die gotische **16 Burgkapelle St. Georg** (Kapela sv. Jurija), in der man die Wappen vieler Adelsgeschlechter, die auf der Burg herrschten, in Form von bunten Fresken bewundern kann. In den Burgräumen gibt es eine ständige Ausstellung zur Geschichte Sloweniens, eine virtuelle 3-D-Zeitreise durch die Burggeschichte und einen Aussichtsturm aus dem 19. Jh. Nachdem man die Geschichte der Burg erforscht hat, kann man sich bei einem schönen Essen im **Restaurant Strelec** (Grajska planota 1, Tel. +386 031 68 76 48, www.kaval-group.si, Mo–Sa 12–22 Uhr, So und Fei geschlossen) stärken und im historischen Ambiente des Schützenturms an der Burgmauer die Aussicht genießen. Vor allem in der Hochsaison und bei Schönwetter ist Tischreservierung empfohlen. Im Burghof gibt es ein weiteres Restaurant, das sich auf typische slowenische Speisen spezialisiert hat, die **Gast-**

stätte in der Burg (Gostilna na gradu, Grajska planota 1, Tel. +386 031 30 17 77, www.nagradu.si, Mo–Sa 12–22, So 12–16 Uhr). Für kulinarisch besonders Wissbegierige empfiehlt sich der Sonntagsschmaus, bei dem alle möglichen Spezialitäten aus ganz Slowenien in Bioqualität zum moderaten Preis von 20,20 Euro durchgetestet werden können. Außerdem werden auch verschiedene Verkostungen mit exklusiver Weinbegleitung für Feinschmecker im gehobenen Preissegment angeboten. Falls man jedoch im Burghof ganz gemütlich bei einem Getränk oder Eis entspannen will, bietet sich dafür das Burgcafé ☕ **Grajska kavarna** (Grajska planota 1, Tel. +386 01 439 41 40, Sommer: Mo–So 9–23 Uhr, Winter: Mo–So 10–21 Uhr) an. Beide Restaurants zählen zu den absolut besten der Stadt und wurden in die Liste „Ljubljana Quality 2015" aufgenommen und mit dem „Slovenian Restaurant Award 2017" ausgezeichnet.

Der gemütlichste Weg zurück in die Altstadt ist gewiss der mit der Standseilbahn (vzpenjača), zu der man im Bereich des Haupteingangs gelangt. Mit der Ljubljana Card sind sowohl die Besichtigungen in der Burg wie auch die Fahrt hinunter kostenlos. Ein Kombiticket mit Burgbesichtigung und Seilbahnfahrt kostet € 10,– für Erwachsene und € 7,– für Studenten. Mit der Standseilbahn landen wir nach der Überwindung von siebzig Höhenmetern und nur einer Minute Fahrt im Altstadtkern am Krekov trg, direkt vor dem Zentralen Marktplatz, dem Ausgangspunkt unserer Route.

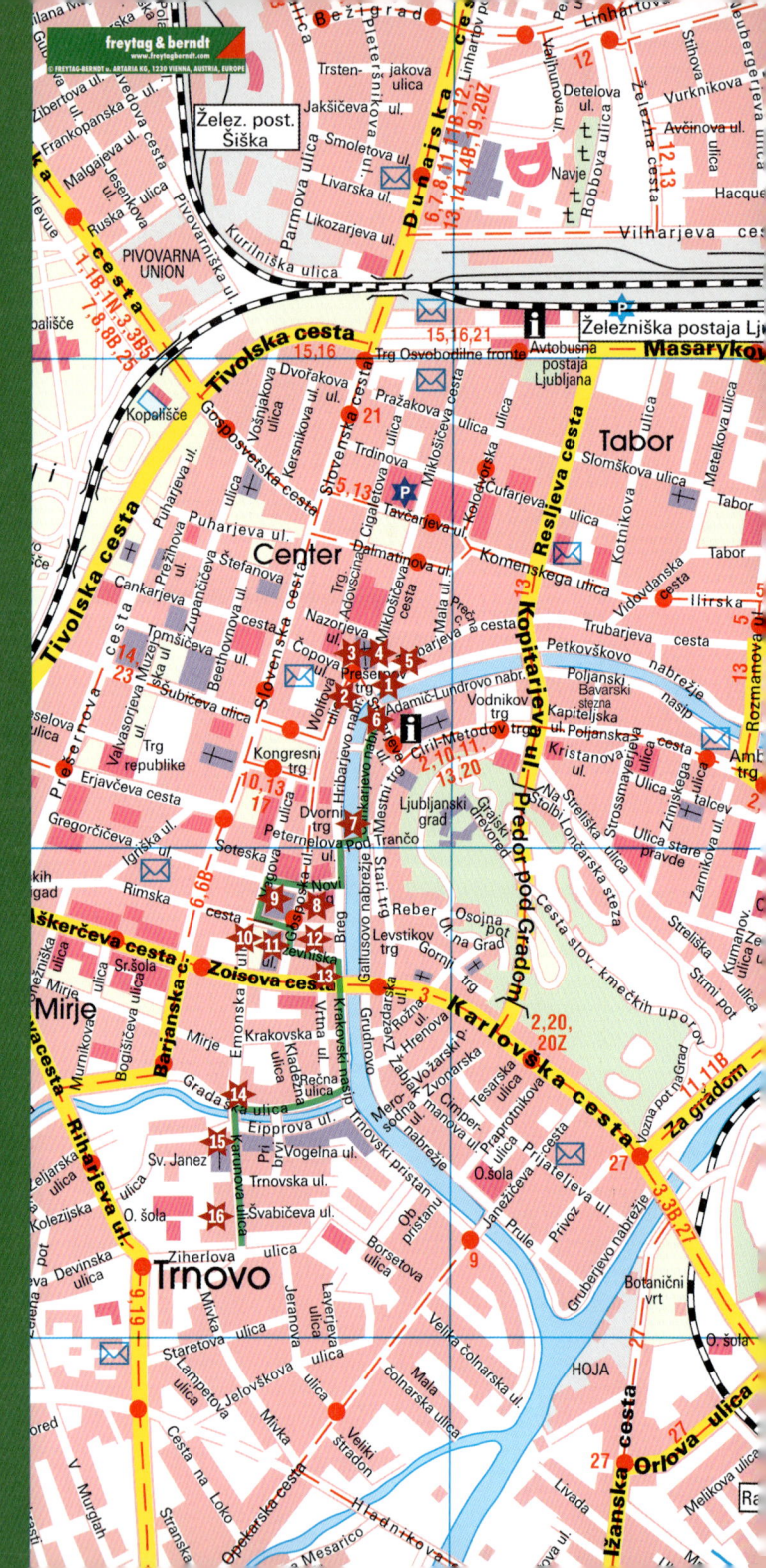

Der Große Lesesaal in der National- und Universitätsbibliothek

2 Auf den Spuren Jože Plečniks und darüber hinaus

AUSGANGSPUNKT Prešeren-Platz
ENDPUNKT Plečnik-Haus
DAUER ein halber Tag

DIE ROUTE Etappe 1: Prešernov trg (❶ Prešeren-Denkmal, ❷ Hauptmann-Haus, ❸ Franziskanerkirche, ❹ Centromerkur, ❺ Palais Mayer) – ❻ Drei Brücken – Cankarjevo nabrežje – ❼ Schusterbrücke – Hribarjevo nabrežje – (Exkurs ins ehemalige jüdische Viertel: Židovska ulica – Židovska steza). Etappe 2: Novi trg (❽ Slowenischen Akademie der Wissenschaften und Künste) – Turjaška ulica (❾ National- und Universitätsbibliothek) – Vegova ulica – Gregorčičeva ulica – Vegova ulica – Trg francoske revolucije (❿ Denkmal der Illyrischen Provinzen, ⓫ Freilufttheater Križanke) – Gosposka ulica (⓬ Städtische Museum) – Križevniška ulica. Etappe 3: Breg (⓭ Palais Zois) – Krakovski nasip – Vrtna ulica – Krakovski nasip – Gradaška ulica – Eipprova ulica – Karunova ulica – ⓮ Brücke von Trnovo – Kolezijska ulica (⓯ Kirche von Trnovo) – Karunova ulica (⓰ Plečnik-Haus)

Wir begeben uns bei dieser Tour auf eine Spurensuche zu den wichtigsten Werken des Architekten Jože Plečnik, der wie kein anderer das Antlitz der Stadt mit seinen Projekten, die stark an die antike Ästhetik angelehnt sind, prägte. Plečnik hat hier nicht nur viele bedeutende Bauwerke umgesetzt, er gestaltete auch wie ein Landschaftsplaner die Struktur Ljubljanas. An vielen Ecken der Hauptstadt Sloweniens finden sich seine Spuren, die sich manchmal monumental, oft aber auch unauffällig in das historisch gewachsene Stadtbild einfügen. Auf dieser Route wird auch deutlich, dass es neben der Plečnik-Architektur noch viele andere Bauwerke aus verschiedenen Stilepochen zu bewundern gibt, die im Zusammenspiel eine harmonische urbane Landschaft bilden.

Etappe 1: Vom Prešeren-Platz zur Schusterbrücke

Wir beginnen unsere Route am Prešeren-Platz (Prešernov trg), dem Nabel der Stadt, auf dem sich alle wichtigen Wege ins Zentrum schon vor Jahrhunderten am Zugangstor zur Altstadt unter der Burg kreuzten. Der Platz ist nach dem großen Dichter France Prešeren (1800–1849) benannt, dessen Gedicht „Zdravljica" (Trinklied) zur slowenischen Nationalhymne erkoren wurde. Das **Prešeren-Denkmal** wurde vom Architekten Maks Fabiani (1865–1962), der wie Plečnik ein Schüler Otto Wagners in Wien war, und dem Bildhauer Ivan Zajec (1869–1952) entworfen. Enthüllt wurde es im Jahre 1905, wobei es zu einem Skandal kam. Über der Statue sitzt nämlich eine Muse mit Lorbeerzweig in der Hand und, gut sichtbar, nackter

Das Prešeren-Denkmal von Maks Fabiani

Brust. Das war zu viel für die Moralvorstellungen der Bürger von damals. Selbst persönliche Gesuchschreiben des Bischofs an den Bürgermeister, er möge die Statue entfernen oder zumindest bedecken, halfen nicht. Inzwischen haben sich die Bewohner Ljubljanas aber sehr gut daran gewöhnt, das Denkmal ist der wohl beliebteste Treffpunkt für Verabredungen in der Innenstadt und gleichzeitig Bühne für verschiedenste Straßenkünstler. Prešeren war, wie es sich für einen romantischen Dichter gehört, unsterblich in eine junge Dame namens Julija Primic verliebt, die jedoch seine Leidenschaft nicht erwiderte. Damit er über seinen Tod hinaus symbolisch in seinem Unglück schmachten kann, wurde in seinem Blickfeld eine Figur der Julija, die in der Wolfova ulica aus dem Fenster schaut, angebracht. Prešerens Todestag, der 8. Februar, ist übrigens der offizielle slowenische Kulturfeiertag, an dem alle Museen Sloweniens kostenlos zugänglich sind und vor dem Denkmal seine Gedichte rezitiert werden.

Der Prešeren-Platz wirkt wie eine lebendige architektonische Freiluftgalerie verschiedenster Baustile, die im Laufe der Zeit ihre Spuren in der Stadt hinterließen. Den Anfang der Straße Wolfova ulica, in der Prešerens große Liebe aus dem Fenster blickt, markiert das **Hauptmann-**

Das Hauptmann-Haus im Stil der Wiener Secession

Haus (Hauptmannova hiša, Prešernov trg 1). Dieses auffallende weiß-grüne Eckgebäude mit seinem weit hervorkragenden Dach und Dekorbändern aus dem Jahre 1873 ist eines der wenigen, die das große Erdbeben von 1895 einigermaßen unbeschadet überstanden haben. Der Besitzer des Hauses, Adolf Hauptmann, engagierte den Architekten Ciril Method Koch (1867–1925) für eine Dach- und Fassadenrenovierung. Koch gestaltete das Gebäude 1904 im Stil der Wiener Secession um. Mit seinen dekorativen Elementen in Form von Harfen und Kränzen und in geometrischen Formen angerichteten Kacheln aus Keramik ist es ein sehr schönes Beispiel dieses Architekturstils.

Das älteste und imposanteste Bauwerk am Platz ist zweifelsohne die hellrote 🛍 **Franziskanerkirche** (Fančiščanska cerkev, Prešernov trg 4) aus dem Jahre 1660. Über der Kirche thront die größte bronzene Marienstatue der Stadt und im Inneren befindet sich ein monumentaler Hauptaltar aus der Mitte des 18. Jhs. des wichtigsten barocken Bildhauers Ljubljanas, Francesco Robbas. Auch in diesem historischen Kirchengebäude hinterließ Jože Plečnik mit einem Kreuz in der Seitenkapelle seine Spuren.

Eine Straßenbreite neben der Franziskanerkirche steht das Urbanc-Haus, das im Jahre 1903 als erstes modernes Kaufhaus der Stadt unter dem Namen 🛍 **Centromerkur** eröffnet wurde. Dieses Paradebeispiel des Jugendstils gilt als bestes Werk des Grazer Architekten Friedrich Sigismundt, der sich bei seinen Plänen an den damals aufkommenden Großkaufhäusern in Graz, Paris oder Budapest orientierte. Auf der Spitze des Hausdachs thront Merkur, der antike griechische Gott des Handels und Schutzpatron der Kaufleute. Es empfiehlt sich auf jeden Fall, auch einen Blick hineinzuwerfen. In der Mitte des Raumes hebt sich eine prächtige Treppe aus verziertem Holz empor, die von zwei Säulenreihen getragen wird. Das luxuriöse Gebäude dient auch heute noch dem ursprünglichen Zweck, dem eines exklusiven Modehauses, und bietet Kleidung, Schuhe und Accessoires von über neunzig internationalen Designern an. Neben Versace, Cavalli und Co sind im zweiten Stock, in der 🛍 **Galerie Emporium** (Galerija Emporium, Prešernov trg 5a, Tel. +386 041 37 75 00, www.galerijaemporium.si, Mo–Fr 10–21, Sa 10–20, So 11–17 Uhr), auch slowenische Modeschöpfer vertreten. Neben dem noblen Modehaus steht direkt am Flussufer, hinter dem Prešeren-Denkmal, das 🛍 **Palais Mayer** (Centralna lekarna, Prešernov trg 5), der heutige Sitz der Zentralen Apotheke. Dieses Gebäude entstand 1896 im Neorenaissancestil und gilt als eines der größten und schönsten Palais Ljubljanas. Die Front-

Reinster Jugendstil: Centromerkur

Die Drei Brücken – eines der meistfotografierten Motive Ljubljanas

seite wird von vier wuchtigen Säulen oberhalb des Balkons beherrscht, unter denen sich drei Bogenportale befinden. Diese drei Eingänge erinnern daran, dass sich hier in den Anfangsjahren eine Apotheke, ein Kaffeehaus und ein Papiergeschäft befanden. Wenn wir vom Palais aus über den Fluss blicken, erkennen wir die an der Ljubljanica liegenden länglichen, zweistöckigen Markthallen von Plečnik (siehe Route 1). Das architektonische Meisterwerk wird von Arkaden und Säulen getragen und schmiegt sich in seiner geschwungenen Form dem Flussverlauf an. Plečnik hat dem Flussufer durch seine Architektur ein mediterranes Flair verliehen und das Stadtbild maßgeblich verbessert. Ein weiteres Beispiel dafür ist seine bekannteste Brücke, die 6 **Drei Brücken** (Tromostovje), die den Prešeren-Platz mit der Altstadt verbindet. Gesäumt von eleganten Balustraden und Kandelabern erstreckt sich die dreifache Brückenkonstruktion über die Ljubljanica. Dieses markante architektonische Werk besteht aus einer alten Steinbrücke aus dem Jahre 1842 in der Mitte und zwei seitlichen Brücken von Plečnik aus dem Jahre 1931. Früher fuhr über die breite Mittelbrücke die leider nicht mehr erhaltene Straßenbahn. Um den Fußgängern ein ungestörtes Überqueren des Flusses zu ermöglichen, ließ Plečnik links und rechts zwei seitliche Flanierbrücken bauen. Das Werk eines Architekten, der den Spaziergängern immer wohlgesonnen war. Heutzutage sind alle drei Brücken dem gemütlichen Promenieren vorbehalten und wir haben die Qual der Wahl,

auf welcher wir uns über den Fluss begeben wollen. Aufgrund der wunderschönen Lage und der besonderen Konstruktion ist die Tromostovje bei den Touristen ein sehr beliebter Ort für Gruppenfotos und Selfies, wirklich eng wird es aber dank Plečnik nie. Nach der Überquerung des Flusses blicken wir direkt auf die Burg und biegen rechts in die Uferpromenade Cankarjevo nabrežje ein. Wer in Ljubljana etwas auf sich hält, spaziert diesen Weg bei Schönwetter entlang der Ljubljanica mindestens einmal rauf und runter. Hier folgt ein Café dem anderen und natürlich haben die beliebtesten entweder vor dem Haus oder auch direkt an den steinernen Balustraden des Flussufers genügend Sitzplätze. Unter Trauerweiden kann man seinen Nachmittagskaffee genießen und den Einwohnern beim Flanieren zusehen. Hier geht es ums Sehen und Gesehenwerden. Eine sehr schöne Möglichkeit dazu bietet das Lokal ☕ **Slovenska hiša** (Cankarjevo nabrežje 13, Tel. +386 08 389 98 11, www.slovenskahisa.si, Mo–Do 8–1, Fr–Sa 8–3, So 8–1 Uhr). Hier bekommen Sie den Kaffee so serviert, wie es auch in vielen slowenischen Haushalten Tradition ist, nämlich auf türkische bzw. bosnische Art *(turška kava)*. Das bedeutet, dass der speziell dafür gemahlene Kaffee in einer sogenannten *džezva*-Kanne aufgekocht und serviert wird. Sie müssen vorher sagen, ob sie ihn süß oder ohne Zucker haben wollen. Das Besondere am türkischen Kaffee ist der Sud, welcher auf dem Boden der Kanne bleibt und dem Getränk eine kräftige Note verleiht. Falls Sie ihn zu Hause nachkochen wollen, empfehle ich die Marke Barcaffe, die sie in jedem Geschäft, das Kaffee führt, bekommen. In der Slovenska hiša wird der Kaffee nicht in der bosnischen *džezva* aus Kupfer, sondern in der slowenischen emaillierten Variante mit den typischen weiß gepunkteten Kannen aus Celje angeboten (im Slovenska hiša *Cankarjeva kava v kavniku* genannt). Sollten Sie Hunger haben, bietet das Lokal auch eine reichhaltige Auswahl an hausgemachten Pasteten, diversen Käsesorten oder luftgetrockneten Schinken, die auf Wunsch als bunt gemischte Bretteljause serviert werden. Auf dem Weg entlang der Ljubljanica kommen wir zur 🗲 **Schusterbrücke** (Čevljarski most), die 1932 unverkennbar von Jože Plečnik entworfen wurde. Früher befand sich hier ein Holzsteg, auf dem die Werkstätten der städtischen Schuster standen. Bereits im Mittelalter gab es an dieser Stelle eine Brückenverbindung zwischen dem Altstadtkern und dem neu entstandenen Stadtteil auf dem anderen Flussufer. Im 19. Jh.

← **Prešeren-Platz: Nabel der Stadt**

Die Schusterbrücke von Jože Plečnik

wurde eine Gusseisenbrücke gebaut, die jedoch von Plečnik versetzt wurde (Hradeckega most). Die heutige Schusterbrücke wurde, wie auch die Tromostovje, aus Kunststein gebaut. Sie ist mit hohen Säulen mit Kugeln auf den Kapitellen dekoriert. Die beiden mittleren Säulen sind etwas niedriger und tragen Leuchten, wodurch eine besondere Dynamik im Erscheinungsbild entsteht. Wir überqueren die Schusterbrücke über die Ljubljanica, die hier der Burg am nächsten ist, biegen links ein und landen auf der Uferpromenade Hribarjevo nabrežje.

Von hier aus empfiehlt sich eine kurze Exkursion ins nahe gelegene historische jüdische Viertel in der Straße Židovska ulica. Erste Aufzeichnungen über jüdische Bürger, die vor allem aus den nordöstlichen italienischen Städten Cividale und Gorizia nach Ljubljana kamen, finden sich ab Mitte des 14. Jhs. Es ist bekannt, dass früher hier eine Synagoge über zumindest zwei Jahrhunderte bestand, es gibt jedoch keine Aufzeichnungen, wo genau sie sich befand. Man vermutet, dass sie in der kleinen Gasse Židovska steza stand, wo auch das Zentrum des jüdischen Lebens in Ljubljana war. Das jüdische Viertel wurde im Jahre 1515 aufgelassen, als auf Geheiß von Kaiser Maximilian I. alle Juden aus der Stadt vertrieben wurden. Heutzutage erinnern leider nur der Straßenname und ein kleines, unverändertes, einstöckiges Haus aus jener Zeit an die ursprüngliche jüdische Tradition in dieser Stadt. Sehr empfehlenswert ist ein Besuch

der dortigen 🏛 **Galerie Hest** (Galerija Hest, Židovska ulica 8, Tel. +386 01 422 00 00, www.galerijahest.si, Mo–Fr 10–20, Sa 10–13 Uhr, So und Fei geschlossen), in der man sowohl zeitgenössische als auch klassische Werke slowenischer Maler besichtigen kann.

Etappe 2: Von der Schusterbrücke zur Uferpromenade Breg

Von der Schusterbrücke sind es nur wenige Schritte auf dem Uferweg Hribarjevo nabrežje, bis wir zum Neuen Platz (Novi trg) kommen. Der ursprüngliche Novi trg wurde bereits im 12. Jh. besiedelt, im 14. Jh. ins damalige Stadtgebiet eingegliedert und durch eine Stadtmauer gesichert. Die untere Seite des drittältesten Platzes von Ljubljana wird von einem dreiteiligen 🏛 **Brunnen** markiert, der nach Plänen von Boris Kobe (1905–1981), einem Schüler Plečniks, gebaut wurde. Das wichtigste Gebäude am Platz ist der Sitz der **8 Slowenischen Akademie der Wissenschaften und Künste** (Slovenska akademija znanosti in umetnosti, Novi trg 3) im sogenannten Lontovž, im ehemaligen Landtag der Krainer Landstände. Das ursprüngliche Gebäude wurde bereits 1467 gebaut und im Jahre 1524 bei einem Brand vollkommen zerstört. In der zweiten Hälfte des 18. Jhs. erhielt das Palais sein heutiges Erscheinungsbild mit dem klassizistischen Säulenportal. Während des Zweiten Weltkriegs, als Ljubljana unter faschistischer Okkupation stand, wurde aus diesem Haus in den Jahren 1941 und 1942 das Programm des Radios Kričač der slowenischen Widerstandsbewegung gesendet. Mitten im Krieg und unter größter Gefahr sendeten Journalisten und Kulturschaffende Rezitationen, Musik und Nachrichten, bis italienische Soldaten sämtliche Radioantennen der Stadt entfernen ließen. Unweit der renommiertesten slowenischen Kultur- und Forschungseinrichtung befindet sich das von Jože Plečnik geplante Gebäude der **9 National- und Universitätsbibliothek** (Narodna in univerzitetna knjižnica, Turjaška ulica 1). Dieses Haus

★ UNBEDINGT HINGEHEN

Drei Brücken → Seite 39
National- und Universitätsbibliothek → Seite 44
Freilufttheater Križanke → Seite 47
Schusterbrücke → Seite 41
Kirche von Trnovo → Seite 52

zählt zu Plečniks wichtigsten Werken und wurde aufgrund des einzigartigen Erscheinungsbildes im Klagenfurter Minimundus im Kleinformat nachgebaut. Früher befand sich dort das barocke Palais Auersperg, das durch das Erdbeben von 1895 völlig zerstört wurde. Plečnik wurde Anfang der Dreißigerjahre beauftragt, die freie Baufläche mit einem neuen Projekt zu bereichern, und es gelang ihm zwischen 1936 und 1941 ein Meisterwerk, bei dem er ausschließlich Baumaterialien aus der näheren Umgebung verwendete. Die dynamische Fassade formen im nahen Vrhnika gebrannte rote Ziegel und gräulicher Kalkstein aus Podpeč, den schon die Römer für den Bau von Emona verwendet hatten. Das große Eingangsportal ist mit Türklinken in Form von Pferdeköpfen verziert und führt uns in den dunklen Eingangsbereich mit einer großen schwarzen Treppe, umgeben von schwarzen Marmorsäulen. Je höher wir aufsteigen, desto heller wird der Raum, und am Ende der Treppe stehen wir in einer lichtdurchfluteten Säulenhalle, von der aus man in den Lesesaal der Bibliothek kommt. Die Symbolik der Erleuchtung durch Wissen ist unverkennbar. Leider ist der wunderschöne, mit warmen Holztönen, grünen Lampen und Glaswänden ausgestattete Große Lesesaal (Velika čitalnica) nur für Studenten mit dem entsprechenden Ausweis zugänglich. Es gibt aber glücklicherweise die Möglichkeit, sich für Besichtigungstouren anzumelden, die durch Plečniks Ljubljana und auch den Lesesaal führen (mittwochs und samstags um 12 Uhr, Start vor dem Touristen-Informationszentrum TIC beim Tromostovje). Innerhalb der Bibliotheksmauern versteckt sich im Atrium das **Kaffeehaus des NUK** (Kavarna NUK, Turjaška ulica 1, Tel. +386 01 200 11 10, www.nuk-uni-lj.si, Mo–Fr 8–20, Sa 9–14 Uhr, So geschlossen), in

Eines der Meisterwerke Plečniks, die National- und Universitätsbibliothek

dem jeden Sommer auch ein Musikfestival stattfindet. Aufgrund der besonderen Lage ist es gerade in der Hauptsaison sicher eines der ruhigsten Cafés in der Innenstadt, in dem man, umgeben von einzigartiger Architektur und abseits des bunten Treibens der Stadt, sein Getränk genießen kann.

Wir gehen vom NUK weiter bis zum Ende der Turjaška ulica und biegen links in die Vegova ulica ein. Ganz in der Nähe, etwas versteckt, befindet sich im Gässchen Gregorčičeva ulica die beliebte 🍴 **Pizzeria Foculus** (Gregorčičeva ulica 3, Tel. +386 01 421 92 95, www.foculus.si, Mo–So 11–24 Uhr), in der man ausgezeichnete Pizzas aus dem Holzofen serviert bekommt. Ganze 66 verschiedene Pizza-Variationen stehen hier zur Auswahl, unter anderem auch mit frisch gehobeltem Trüffel, Kaviar oder Wildsalami.

Entlang des Bibliotheksgebäudes ließ Plečnik in der Vegova ulica Büsten für verdienstvolle slowenische Universitätsgelehrte aufstellen, an denen wir nun vorbeikommen. Unser nächstes Ziel ist das ⑩ **Denkmal der Illyrischen Provinzen** am Platz der Französischen Revolution (Trg francoske revolucije). Dieser Platz ist historisch sehr durchwachsen und erlebte im Laufe der Zeit einige Umbenennungen. Der heutige Platz entstand 1793, als man das alte Stadttor mit dem Wachhaus niederriss. Zuerst benannte man ihn Križniški trg (Kreuzritterplatz), weil hier eine Kirche mit Kloster des Deutschen Kreuzritterordens stand. 1928 entschied man sich für den Namen Napoleonov trg (Napoleon-Platz), weil Napoleon in der slowenischen Geschichtsschreibung in Bezug auf Ljubljana sehr positiv eingeschätzt wird. Nach seinen Eroberungen in den Habsburgergebieten ernannte er 1809 Ljubljana zur Hauptstadt der sogenannten Illyrischen Provinzen, die sich von der Dalmatinischen Küste an der Adria bis ins alpine Kärnten erstreckten. Bis 1813, als Österreich das Gebiet zurückeroberte, war Ljubljana unter französischer Verwaltung und im sprachlichen, schulischen und kulturellen Bereich gab es für die slowenische Bevölkerung positive Entwicklungen. Deshalb entschied man sich für den Bau eines Denkmals der Illyrischen Provinzen, das von Jože Plečnik und dem Bildhauer Lojze Dolinar (1893–1970) geplant und im Jahre 1929 aufgestellt wurde. Es handelt sich um eine 13 Meter hohe Säule aus bearbeitetem Karstmarmor, auf der wir die bronzenen Reliefs Napoleons und Illyriens in Form einer Frau sehen. Der vergoldete Palmenzweig war ein Geschenk der Französischen Republik an Slowenien und wurde nachträglich angebracht. Seit 1952 heißt der Platz Trg francoske revolucije.

Um auch kulinarisch ein wenig ins Savoir-vivre einzutauchen, empfiehlt sich der Besuch des nahe gelegenen ☕ **Le Petit Café** (Trg francoske revolucije 4, Tel. +386 01 251 25 75, www.lepetit.si, Mo–So 7.30–1 Uhr), in dem die Gäste mit allen möglichen französischen und slowenischen Süßspeisen in kleinen Portionen verwöhnt werden. Bei Schönwetter kann man am historischen Platz sitzen; aber auch das Innere des Lokals ist sehr

Charmanter Ort für einen Zwischenstopp – Le Petit Café

Freilufttheater Križanke, von Jože Plečnik umgestaltet

charmant eingerichtet und die frisch gebackenen Croissants duften verlockend zum Klang französischer Chansons.

Auf unserer Suche nach architektonischen Spuren von Jože Plečnik kommen wir als Nächstes zum beliebtesten offenen Veranstaltungsort der Stadt, dem **Freilufttheater Križanke** (Trg francoske revolucije 1, Tel. +386 01 241 60 26, www.ljubljanafestival.si). Dieses weitläufige Gebäude wurde ursprünglich als Klosterkomplex des Deutschen Kreuzritterordens im 13. Jh. erbaut. Nach dem Zweiten Weltkrieg wurde das Bauwerk zum Sitz des Festivals Ljubljana, das als öffentliche Institution der Stadt seit 1952 Kulturveranstaltungen auf allerhöchstem Niveau organisiert. Unter anderem gastierten hier schon die Wiener Philharmoniker, das St. Petersburger Mariinski Theater oder das London Philharmonic Orchestra. Das Programmangebot ist sehr vielfältig und reicht von Pop- und Klassikkonzerten über Opernaufführungen bis hin zu visuellen Installationen. Um dem historischen Gebäude neuen Glanz zu verleihen, engagierte man 1952 den bereits achtzigjährigen Jože Plečnik für die Umgestaltung, die er dann mithilfe seiner Schüler als letztes großes Projekt seines Lebens 1956 fertigstellte. Typisch für den Meisterarchitekten ist, dass er die historische Bausubstanz in die Umgestaltung einbezog, um nicht völlig entwurzelte Bauten zu schaffen. Plečnik öffnete die Klostermauern mit einer Reihe von Fenstern und gestaltete die Kreuzgänge zu Orten für Konzerte im Freien um. Um

Mini teater: Aufführung des Stücks „Little Sleepy Star" von Frane Ježek

die historischen Fundamente des Bauwerks in ein neues Licht zu rücken, ließ Plečnik ein Lapidarium mit Objekten aus der gotischen und barocken Klosterkirche einrichten. Eine wahre Augenweide ist auch der Höllenhof (Peklensko dvorišče) hinter der Kirche, den er neu pflastern und mit zahlreichen Lampen ausstatten ließ. Wenn man wissen will, wie Plečnik selbst ausgesehen hat, kann man im Vorhof des Križanke-Komplexes eine der wenigen existierenden Büsten des großen Architekten betrachten.

Am Ende des Platzes Trg francoske revolucije befindet sich direkt gegenüber dem Križanke-Gebäude das ⚜ **Städtische Museum** (Mestni muzej, Gosposka ulica 15, Tel. +386 01 241 25 00, www .mgml.si, Di–So 10–18, Do 10–21 Uhr, Mo sowie 25. Dez. und 1. Jan. geschlossen). In diesem historischen Palais der Grafen von Auersperg aus dem Jahre 1658 werden mehr als 200.000 Ausstellungsstücke auf vier Etagen zur Geschichte Ljubljanas und ihrer Umgebung aufbewahrt. Zu den spektakulärsten Objekten zählen etwa das weltweit älteste Holzrad mit Achse oder ein ca. 40.000 Jahre alter Holzpfeil. Beides befindet sich im Untergeschoß, wo man auch eine originale Römerstraße aus der Zeit Emonas bestaunen kann. Zur Geschichte Ljubljanas gibt es eine kindergerechte ständige interaktive Ausstellung und es werden laufend Wechselausstellungen, Lesungen und Workshops veranstaltet. Bei so viel historisch interessantem Inhalt kann man sich praktischerweise auch eine Pause im hauseigenen Museumscafé gönnen. Mit der Ljubljana Card hat man hier freien Eintritt, ansonsten kostet das Ticket € 4,–.

Vom Städtischen Museum gehen wir weiter entlang der Gosposka ulica und biegen links in die Križevniška ulica Richtung Flussufer ein. Diese idyllische Gasse ist eine der ältesten und schönsten der Stadt und war vom 17. Jh. an ein kulturelles Zentrum für Künstler, Poeten und Maler. In letzter Zeit versucht man wieder an dieses Erbe anzuknüpfen, immer mehr junge Kulturschaffende kommen hierher. Ganz am Anfang der Gasse findet sich eine gute Gelegenheit, sich abseits der Touristenpfade mit der jungen einheimischen Bevölkerung bei einem gemütlichen Bier im 🍷 **Pub Pod skalco** (Gosposka ulica 19, Tel. +386 01 426 58 20, Mo–Fr 6.30–3, Sa–So 17–3 Uhr) auszutauschen. Das Pub sieht von außen nicht besonders einladend aus, ist aber vor allem unter Studierenden sehr beliebt und bietet die seltene Gelegenheit einer kleinen Indoor-Kletterwand. Die Barhocker hängen diesem Umstand entsprechend an Kletterseilen. Im Gebäude nebenan befindet sich das 🏛 **Mini teater** (Križevniška ulica 1, www.mini-teater.si), in dem Theateraufführungen speziell für jüngeres Publikum inszeniert werden

Etappe 3: Von der Uferpromenade Breg zum Plečnik-Haus

Am Ende der Križevniška ulica gelangen wir auf un-

> ★ **Jože Plečnik (1872–1957)**
>
> Er ist der berühmteste slowenische Architekt, der vor allem in seiner Geburtsstadt Ljubljana das urbane Erscheinungsbild prägte wie kein anderer. Internationale Geltung erlangte Plečnik als herausragender Schüler Otto Wagners in Wien, wo er mit dem Zacherlhaus eines der ersten modernen Gebäude in der Wiener Innenstadt plante. Unter anderem wurde er auch nach Prag berufen, um den Burgkomplex als Präsidentenresidenz neu zu gestalten, auch plante er dort mit der Herz-Jesu-Kirche einen seiner wichtigsten Sakralbauten.
>
> Ab 1920 lebte er meist in Ljubljana, wo er als Vortragender der neu gegründeten Universität und als Stadtplaner maßgeblich das Antlitz der Stadt prägte. Seine wichtigsten Werke in Ljubljana gehören auch zu den markantesten Sehenswürdigkeiten der Stadt: die Drei Brücken über den Fluss Ljubljanica *(Tromostovje)*, die überdachten Markthallen in den Arkaden *(Plečnikove tržnice)* sowie die National- und Universitätsbibliothek *(NUK)*. Plečnik war nicht nur als Planer von neuen Gebäuden aktiv, sondern auch als Neugestalter alter Bauwerke, die durch seine Maßnahmen neuen Glanz erhielten, so z.B. der beliebte Veranstaltungsort Križanke im ehemaligen Kreuzritterkloster.

serer Route zur neugestalteten Uferpromenade Breg und biegen hier rechts ab. An dieser Stelle befand sich bis 1849 der wichtigste Flusshafen, der nach der Eisenbahnverbindung Wien–Ljubljana aufgelöst wurde. Entlang des Flusses werden regelmäßig Antiquitäten- und Flohmärkte veranstaltet (So 8–14 Uhr). Sie können hier Kunstwaren, aber auch typische Sammelobjekte aus dem Alltag erwerben. Es gibt auch einen speziellen Kunstmarkt, wo Straßenkünstler bei Schönwetter ihre Werke ausstellen und ver-

☕ UNBEDINGT HINGEHEN

Slovenska hiša → Seite 41
Le Petit Café → Seite 46
Sax Pub → Seite 52

kaufen (Mai bis Ende Okt., Sa 9–16 Uhr). Sehr zu empfehlen ist auch der Weihnachts- und Neujahrsmarkt, bei dem Sie an geschmückten, grün bemalten Marktständen die bezaubernde winterliche Atmosphäre Ljubljanas genießen können (3. Dez. bis 2. Jän. täglich 10–22 Uhr). Die Stadtverwaltung hat in den letzten Jahren sehr viel in die Weihnachtsdekoration investiert und gerade am Fluss ist die Stimmung märchenhaft. Zu unserer Rechten befindet sich das riesige **Palais Zois** (Zoisova Palača, Breg 22), das 1793 nach dem Zusammenschluss von drei Häusern entstanden ist und dem damals reichsten Bürger der Stadt, Baron Sigismund Žiga Zois (1747–1819), gehörte. Zois war die zentrale Figur der slowenischen Aufklärung und in seinem Palais trafen sich die einflussreichsten slowenischen Intellektuellen der damaligen Zeit. Zum sogenannten Zois-Zirkel gehörten unter anderen der erste slowenische Dramatiker Anton Tomaž Linhart (1756–1795), der Begründer der wissenschaftlichen Slawistik in Wien Jernej Kopitar (1780–1844) sowie Valentin Vodnik (1758–1819), Autor des ersten slowenischen Gedichtbandes und Kochbuchs. Heutzutage bietet das Palais eine sehr schöne Möglichkeit für Übernachtungen, denn in seinem Inneren befinden sich die 🛏 **Pension Galeria River** (Breg 22, Tel. +386 040 46 20 99, www.galeriariver.com) mit wunderschönem Blick auf den Fluss und die Burg. Im Palais Zois befindet sich auch das Studio der Druckerei 🛍 **tipoRenesansa** (Breg 22, Tel. +386 01 320 08 89, www.tiporenesansa.si, Di–Fr 10–19, Sa 10–19, So 10–13 Uhr, Mo geschlossen), in der noch mit der alten Buchdrucktechnik, die auf Gutenberg zurückgeht, gearbeitet wird. Die Betreiber der Druckerei setzen ausschließlich auf alte Druckmaschinen, mit denen sie kunstvolle Beschriftungen für Visitenkarten, Taschenkalender oder sogar Steine anbieten. Es werden auch spezielle Workshops für

Alternatives Jazzlokal: das Sax Pub

das alte Druckverfahren mit Bleisätzen sowie Kalligrafiekurse veranstaltet. Für Freunde des gedruckten Wortes ist dieses Studio auf jeden Fall einen Besuch wert.

Wir bleiben am Flussufer und kommen von der Uferpromenade Breg auf den Deich Krakovski nasip. Hier haben wir in der näheren Umgebung einige Möglichkeiten, uns mit einem Getränk oder Essen zu stärken. Für Liebhaber gehobener traditioneller Hausmannskost ist das 🍴 **Gasthaus Jakob Franc** (Gostilna Jakob Franc, Trnovski pristan 4, Tel. +386 040 89 71 53, Mo–Sa 11–22, So 11–16 Uhr) genau das Richtige. Hier widmet man sich der kulinarischen Verarbeitung der einzigen erhaltenen autochthonen slowenischen Schweinerasse namens Krškopoljec. Das Fleisch dieser Rasse eignet sich aufgrund seiner Marmorierung ganz besonders gut für die Herstellung von Schinken, Speck und Salami, die man als Aufschnitt *(narezek)* bestellen kann. Sehr empfehlenswert sind vor allem die hausgemachten Bratwürste mit Sauerkraut und Kartoffeln *(pečenice)*, der Schweinsbraten *(svinjska pečenka)* sowie die gefüllten Paprika in Tomatensauce *(polnjena paprika)*.

Wir gehen den Weg Krakovski nasip entlang der Ljubljanica bis zur Straße Gradaška ulica, wo wir rechts einbiegen und entlang des Flusses Gradaščica weiterwandern. Dieser linke Zufluss der Ljubljanica wurde von Plečnik reguliert und erinnert an dieser Stelle eher an einen stillen Bach. In dieser ruhigen, grünen Oase sticht auf der anderen Seite des Flusses ein mit Graffiti bunt bemaltes Haus hervor, in dem sich

Plečnik-Haus: Das Wohnhaus des Architekten ist heute ein Museum

das alternative Jazzlokal 🍷 **Sax Pub** (Eipprova ulica 7, Tel. +386 051 50 44 50, www.saxhostel ljubljana.com, Mo–Sa 9–1 Uhr) befindet, das praktischerweise auch als Hostel betrieben wird. Jeden Donnerstag gibt es hier Livekonzerte, die im Sommer auch im Gastgarten stattfinden.

Wir gehen weiter entlang des Zuflusses Gradaščica und biegen links in die Straße Karunova ulica ein, auf der sich die ⭐14 **Brücke von Trnovo** (Trnovski most) von Plečnik befindet, welche die Stadtteile Krakovo und Trnovo verbindet. Diese mit Birken bepflanzte Ausnahmekonstruktion wurde 1932 gebaut und bildet den erweiterten Zugangsbereich des Kirchenvorplatzes der ⭐15 **Kirche von Trnovo** (Trnovska cerkev, Kolezijska ulica 1). Auf den Seiten der Brücke hat Plečnik Pyramiden aufstellen lassen, deren Form an die beiden Kirchtürme erinnert. In der Mitte steht die steinerne Statue Johannes des Täufers, dem die Kirche von Trnovo gewidmet ist. Das heutige Kirchengebäude wurde 1857 gebaut und nach dem großen Erdbeben von 1895 im neoromanischen Stil erneuert. Im Inneren befindet sich das Ewige Licht von Plečnik aus dem Jahre 1936. Von hier aus ist es nur noch ein kurzes Stück auf der Straße Karunova ulica zu unserem Ziel: dem ⭐16 **Plečnik-Haus** (Plečnikova hiša, Karunova ulica 4, Tel. +386 01 241 25 06, www.mglm.si, Di–So 10–18 Uhr). Dieses ursprünglich aus zwei Häusern bestehende Museum wurde in den Jahren 1921 bis 1957 zu Plečniks Arbeits- und Rückzugsort. Natürlich hat der Meister selbst für die angemessene Außen- und Innenausstattung des Hauses gesorgt, in dem man Pläne, Modelle und Fotos seiner Werke bewundern kann. Ganz interessant ist etwa sein monumentalstes, nie vollendetes Werk des slowenischen Parlaments, das er „Kathedrale der Freiheit" nannte. Das geplante Gebäude mit einem 120 Meter hohen Turm wurde zwar wegen Geldmangels nie gebaut, es ist aber in Form der slowenischen Zehn-Cent-Münze sehr verbreitet. Die große Bewunderung des Architekten für die antike Baukunst ist auch innerhalb des Hauses erkennbar, etwa im persönlichen Lapidarium oder am Mosaik aus Fragmenten römischer Fresken in seinem Arbeitszimmer. Die Exponate im Plečnik-Haus mit Wintergarten kann man zu jeder vollen Stunde von 10 bis 17 Uhr ausschließlich bei einer Führung mit maximal sieben Personen besichtigen. Ganz in der Nähe befindet sich übrigens der **Kulturverein KUD France Prešeren** (Kulturno umetniško društvo [KUD] France Prešeren, Karunova ulica 14, Tel. +386 01 283 22 88, www.kud.si, Mo–Sa 10–1, So 14–1 Uhr), der als Dachorganisation für verschiedene freischaffende Institutionen das kulturelle Leben in diesem ruhigen Stadtteil Ljubljanas maßgeblich mitbestimmt. Im KUD werden nicht nur Lesungen oder Theateraufführungen organisiert, sondern das ganze Jahr hindurch auch einige Festivals veranstaltet. Eines der beliebtesten der Stadt ist das internationale Trnfest im August, bei dem verschiedenste alternative Bands, DJs und Singer-Songwriter auftreten. Obwohl das Festival traditionell fast einen ganzen Monat dauert, kann man das

Ehemalige Anlegestelle Trnovski pristan

Zentralfriedhof Žale von Plečnik, ein Muss für Architekturinteressierte

breit aufgestellte Programm bei freiem Eintritt genießen.

Falls Sie vom Stadtteil Trnovo mit dem Bus wieder ins Zentrum fahren möchten: die nächste Bushalltestelle ist ganz in der Nähe; Sie gehen die Karunova ulica wieder hinauf Richtung der Kirche von Trnovo und biegen danach in die Kolezijska ulica links ein; am Ende der Straße kommen sie in die Barjanska cesta, wo an der Haltestelle Ziherlova der Bus Nr. 9 Richtung Zentrum fährt. Die zentrale Haltestelle heißt Bavarski dvor und befindet sich an der Slovenska cesta.

Noch mehr zu Plečnik

Im Rahmen unserer Plečnik-Tour konnten wir zwar einige seiner schönsten Bauprojekte sehen, der Meister hat aber in Ljubljana noch weitere architektonische Perlen hinterlassen, die sich Architekturinteressierte unbedingt ansehen sollten:

Ganz in der Nähe des Plečnik-Hauses befindet sich an der Uferpromenade der Ljubljanica die ehemalige **Anlegestelle Trnovski pristan** mit Plečniks Steintreppen, die bis ins Wasser reichen. Bei Schönwetter ist es hier sehr gemütlich und man kann im Schatten der Trauerweiden entspannen. Weiter südlich gibt es die Möglichkeit, an Bord von umfunktionierten Booten ein Bier zu trinken und die Perspektive zu wechseln.

Ein absolutes Muss für Plečnik-Fans und die, die es noch werden wollen, ist der **Zentralfriedhof Žale** (Pokopališče Žale, Med hmeljniki 2, Tel. +386 01 420 17 00, www.zale.si). Plečnik konzipierte den Friedhof zwischen 1938 und 1940 als eine Art Stadt

Die St.-Michael-Kirche von Jože Plečnik

der Toten, in die man durch ein monumentales, halbrundes Säulentor hinüberschreiten kann. Der Zentralfriedhof ist ein Gesamtkunstwerk mit starkem Bezug auf die Antike, kombiniert mit dem für Plečnik typischen Zusammenspiel von verschiedenen Materialien. Das bescheidene Grab des Meisterarchitekten mit der Nummer 13 ist in der Sektion 6 A zu finden. Zum Friedhof Žale können Sie mit den Buslinien Nr. 2, 7 und 22 fahren.

Ein weiteres außergewöhnliches Projekt von Jože Plečnik ist das **Stauwehr** (Zapornica) der Ljubljanica am Ambrožev trg. Der Architekt plante diese Stelle der Wasserstandsregulierung als symbolischen Triumphbogen, an welchem der Fluss das Stadtgebiet verlässt. Die Stauanlage ist stilistisch an ägyptische und dorische Formen angelehnt. Zum Stauwehr kommen Sie mit der Buslinie Nr. 2.

Plečnik hat als tief religiöser Mensch einige Kirchen in Ljubljana umgestaltet oder geplant. Zwei interessante Gotteshäuser wurden ausschließlich von ihm konzipiert: Die **St.-Franziskus-Kirche** (Cerkev sv. Frančiška Asiškega, Černetova ulica 20) mit einem markanten spitzen Säulenturm und dem Inneren eines antiken Tempels sowie die **St.-Michael-Kirche** (Cerkev sv. Mihaela, Črna vas 48) im Stil des slowenischen Karstgebiets mit antiken Elementen. Zur St.-Michael-Kirche kommen Sie mit der Buslinie 19 Richtung Barje.

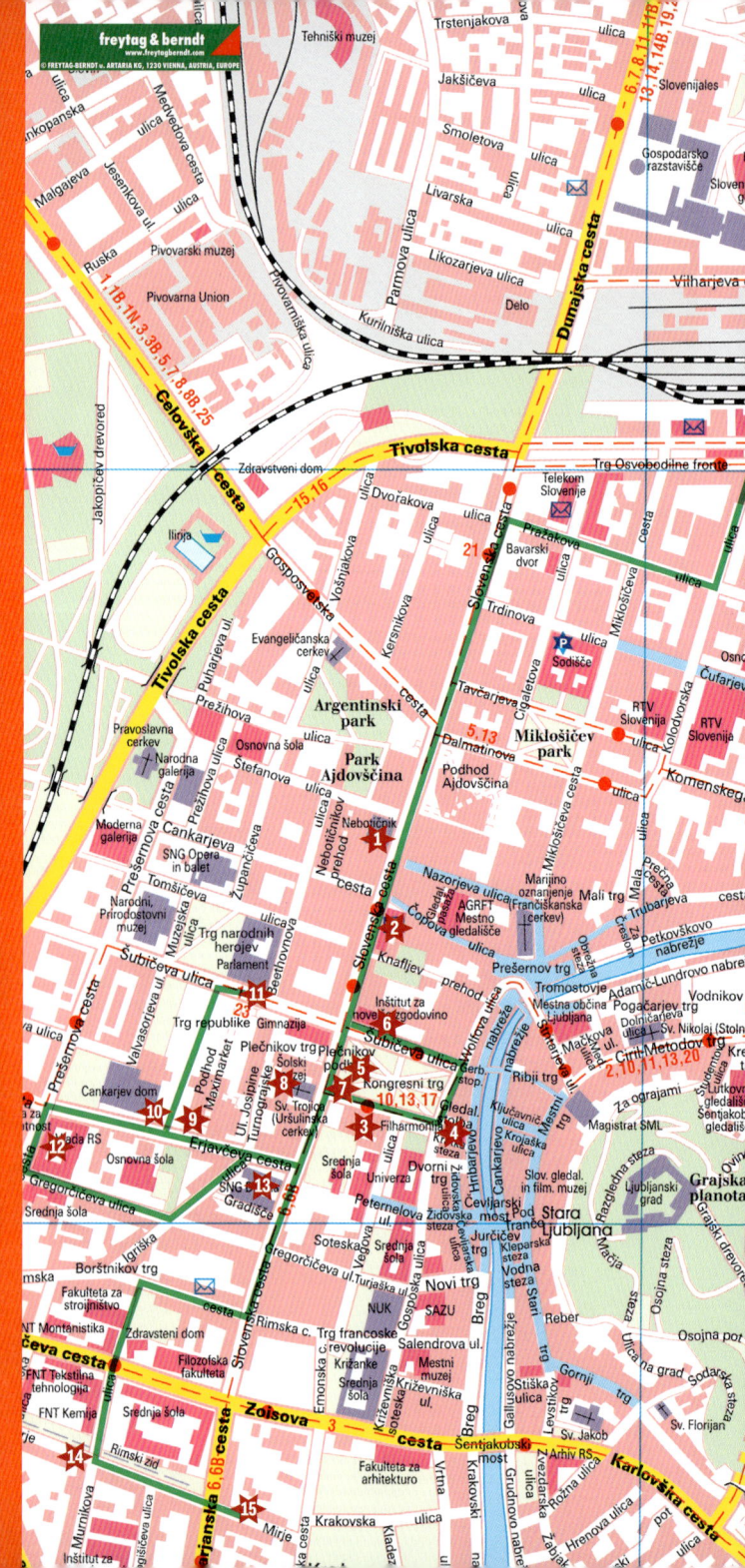

Für den Individualverkehr gesperrt, die Slovenska cesta

3 Zeitreise in die Antike entlang der Slovenska cesta

AUSGANGSPUNKT Hauptbahnhof
ENDPUNKT Archäologischer Park Emonska hiša
DAUER ca. 3 Stunden

DIE ROUTE Etappe 1: Hauptbahnhof – Trg Osvobodilne fronte – Kolodvorska ulica – Pražakova ulica – Slovenska cesta – Ploščad Ajdovščina – Slovenska cesta (1 Nebotičnik, 2 Postzentrale) – Kongresni trg (3 Universitätshauptgebäude, 4 Slowenische Philharmonie, 5 Statue eines römischen Bewohners des antiken Emona, 6 Kazina). Etappe 2: Slovenska cesta (7 Dreifaltigkeitssäule, 8 Ursulinenkirche) – (Exkurs Regierungsviertel: Erjavčeva cesta – Trg republike [9 Denkmal für Ivan Cankar] – Prešernova cesta [10 Cankarjev dom] – Šubičeva ulica [11 Parlamentsgebäude] – Erjavčeva cesta – Park Sveta Evrope – Prešernova cesta [12 Präsidentenpalast] – Gregorčičeva ulica – Igriška ulica) – Slovenska cesta – Erjavčeva cesta (13 Slowenischen Nationaltheater Drama Ljubljana) – Rimska cesta – Foersterjev vrt – Aškerčeva cesta 14 Römische Stadtmauer) – Mirje (15 Archäologischer Park Emonska hiša)

Die Slovenska cesta war lange Zeit die verkehrsreichste Straße mitten im Zentrum Ljubljanas. Heute kann man sich das gar nicht mehr vorstellen, denn seit 2015 ist sie in der Innenstadt für den Autoverkehr gesperrt, nur die Stadtbusse dürfen in den gekennzeichneten Bereich hineinfahren. Man kann entspannt spazieren gehen, bummeln, mit dem Rad fahren oder einfach auf den Bänken im Schatten der neu gepflanzten Bäume sitzen. Die Slovenska cesta ist eine der wichtigsten Routen durch die Innenstadt, die den aufmerksamen Besucher auf eine architektonische, kulturelle und politische Zeitreise durch die Geschichte Ljubljanas mitnimmt. Die Begrünung und Verkehrsberuhigung der größten Flaniermeile Ljubljanas war sicher ein ausschlaggebender Punkt für die Verleihung des Titels European Green Capital 2016.

Etappe 1: Vom Hauptbahnhof zum Kongressplatz

Am Anfang unserer Tour steht der 🏛 **Hauptbahnhof** (Železniška postaja Ljubljana, Trg osvobodilne fronte, Tel. +386 01 291 33 32, www.slo-zeleznice.si). Das historische Gebäude stammt aus dem Jahre 1849, als die Südbahnstrecke Wien–Ljubljana errichtet wurde. Dies bedeutete einen großen wirtschaftlichen Aufschwung für die Stadt, insbesondere, als sich der Hauptbahnhof ab dem Jahre 1857 zum Kreuzungspunkt zwischen Wien und Triest entwickelte, wo der wichtigste Handelshafen Österreich-Ungarns lag. Einer der berühmtesten Passagiere der k. u. k. Südbahnstrecke Richtung Adria war der irische Schriftsteller James Joyce, dem Ljubljana anscheinend so gut gefiel, dass er mit seiner Frau am 19. Oktober 1904 einen Zwischenstopp einlegte. Böse Zungen behaupten, er sei auf dem Weg nach Triest irrtümlich hier ausgestiegen. Jedenfalls erinnert eine kleine Gedenktafel am Ende des Bahnsteigs Nr. 1, neben der Treppe zum Verbindungstunnel, an dieses literaturhistorische Ereignis. Den Haupteingangsbereich verlassend, überqueren wir den stark befahrenen Trg Osvobodilne fronte und gehen die Kolodvorska ulica hinunter, bis wir beim 🏛 **Kinodvor** (Kolodvorska ulica 13, Tel. +386 01 239 22 13, www.kinodvor.org), dem ersten Kino Ljubljanas, ankommen. Dieses im Stil eines klassischen Kinotheaters gebaute noble Haus stammt aus dem Jahre 1923 und enthält letzte architektonische Reminiszenzen an den Wiener Jugendstil, die sich vor allem im schön dekorierten Inneren zeigen. Der erste Film, der hier gezeigt wurde, war übrigens die österreichische Produktion „Der junge Medarus" nach Arthur Schnitzlers gleichnamigem Theaterstück.

Im Brauhaus Kratochwill wird hausgemachtes Bier ausgeschenkt

Das Kino war einige Zeit unter dem Namen „Sloga" bekannt und berüchtigt für seine erotischen und pornografischen Filme, bis man es nach dem Sterben der kleinen Stadtkinos 2008 neu eröffnete und zum Programmkino mit Qualitätsfilmen umstellte. Heute ist das Kinodvor nicht nur ein Teil der slowenischen Filmfestivalszene, man kann hier auch gemütlich im Café sitzen oder sich bei zahlreichen Retrospektiven in die europäische und amerikanische Filmgeschichte begeben. Das Kino bekam vor allem für sein Kinder- und Jugendprogramm mehrere europäische Preise und ist Teil des Kinonetzwerkes Europa Cinemas.

Wir bleiben in der Kolodvorska ulica und gehen ein paar Schritte weiter, bis wir auf der linken Seite zum ♥ **Brauhaus Kratochwill** (Pivovarna in pivnica Kratochwill, Kolodvorska ulica 14, Tel. +386 01 433 31 14, www.kratochwill.si, Mo–Fr 9–22, Sa 11–22, So und Fei geschlossen) kommen, in dem sich praktischerweise auch eine Schenke befindet, in der hausgemachtes Bier gezapft wird. Die Brauerfamilie Kratochwill kam ursprünglich aus Tschechien nach Ljubljana und gründete 1992, lange vor dem Craft-Bier-Trend, eine der ersten Privatbrauereien des Landes, wo man neben hellem Lagerbier auch dunkles und sogar ein leicht süßliches Met-Bier braut. Für Letzteres und fürs Porter-Robust-Bier wurde sie 2012 bei der internationalen Bierverkostung im tschechischen Tábor ausgezeichnet. Etwas ganz Besonderes ist auf jeden Fall auch das nicht filtrierte, ebenfalls ausgezeichnete Champagner-Bier in einer schönen, langhalsigen Flasche mit Korken, das sich hervorragend als Mitbringsel für Bierliebhaber eignet. Die Gaststube ist sehr gemütlich eingerichtet und ein guter Ort zum Verkosten der verschiedenen Biersorten, es gibt sogar ein spezielles Essensangebot als Bierbegleitung. Neben Gulasch *(golaž)* und Schweinsstelze *(pečena svinjska krača)* gibt es auch die immer seltener werdende Gelegenheit, eine Kuttelsuppe zu bestellen *(vampi)*. Wir gehen bis zur nächsten Kreuzung und biegen rechts in die Straße Pražakova ulica ein.

🏛 UNBEDINGT HINGEHEN

Nebotičnik (Ljubljanas erstes Hochhaus) → Seite 62
Kongressplatz (mit Universitätshauptgebäude, Philharmonie und Statue eines römischen Bewohners) → Seite 64
Römische Stadtmauer → Seite 72

Unser nächstes kulinarisches Ziel am Beginn der Slovenska cesta, zwei Straßenquerungen weiter, ist das **Burek Olimpija** (Slovenska cesta 58, täglich rund um die Uhr), eine wahre Institution der Street-Food-Szene Ljubljanas. Hier bekommt man den Klassiker der hiesigen Schnellimbiss-Küche namens Burek. Dabei handelt es sich um deftige Blätterteigtaschen aus dem Balkangebiet, die entweder mit Käse *(sirni burek)* oder Fleisch *(mesni burek)* gefüllt sind. Im Olimpija jedoch schwärmen alle vom angeblich besten Pizza-Burek der Stadt, der als ideale Unterlage für lange Nächte beliebt ist. Von hier aus ist es nur ein Katzensprung zur zentralen Busstation Bavarski dvor, in deren Nähe an einer Bike-Station (bicikeLJ) städtische Leihfahrräder zur Verfügung stehen. Es gibt innerhalb der Stadt 38 Fahrradstationen, an denen Sie die Räder beliebig entnehmen oder abstellen können, allerdings muss man sich dafür vorher online registrieren (www.bicikelj.si). Das Ausleihen funktioniert am Hauptterminal über die Karte Urbana, die auch für Busfahrten zu verwenden ist und in allen Trafiken, Poststellen und Tourismus-Informationszentren verkauft wird. Die erste Stunde des Verleihs ist gratis. Inhaber einer Ljubljana Card haben Anspruch auf vier Stunden gratis Fahrradnutzung, die Touristen-Fahrräder werden allerdings nur am Slowenischen Touristeninformationszentrum am Krekov trg 10 verliehen.

Auf unserem weiteren Weg auf der Slovenska cesta kommen wir zu unserer Linken am großen Platz Ploščad Ajdovščina vorbei. Hier steht das erste 3-D-Planetarium Sloweniens, das 🏛 **Planetarij Ljubljana** (Ploščad Ajdovščina, Tel. +386 070 14 69 77, www.artdomecinema360.eu, Di–Fr 12–19, Sa–So 12–20 Uhr). Es hat die Form eines kleinen, futu-

Nebotičnik – das erste moderne Hochhaus der Stadt von 1933

ristischen Iglus, das man sich auch gut auf dem Mars vorstellen könnte. Das Besondere an dieser Art Kino ist die gleichzeitige Darstellung von vier Projektoren, die das Bild auf der gesamten Kuppel visualisieren und somit ein intensives 3-D-Erlebnis schaffen. An diesem Platz steht auch der neu eingerichtete 🏛 **Cyanometer**, der die Luftverschmutzung an der Slovenska cesta misst, die ab der nächsten Kreuzung zur verkehrsberuhigten Zone wird, in die nur die mit Methan betriebenen Stadtbusse hineinfahren dürfen. Einige Schritte weiter befindet sich im hervorstechenden kleinen einstöckigen Gebäude das Restaurant 🏛 **Šestica** (Slovenska cesta 40, Tel. +386 01 242 08 55, www.sestica.si, Mo–Fr 10–23, Sa 12–23, So 12–17 Uhr). Es gilt als das älteste Gasthaus Ljubljanas und bekocht seine Gäste seit dem Jahre 1776. Man ist sich der historischen Bedeutung des Hauses bewusst und dementsprechend groß ist das Angebot an traditioneller, gutbürgerlicher Küche, die auch dem österreichischen Gaumen vertraut sein dürfte. Hier bekommt man noch Froschschenkel *(žabji kraki)*, Blunzen *(krvavica)*, Heidensterz *(ajdovi žganci)*, Sauerkraut mit Grammeln *(kislo zelje z ocvirki)* oder Rindsgulasch mit Polenta *(golaž s polento)*. Diese und auch andere klassische Gerichte des Hauses haben schon die Fuhrmänner im 18. Jh. genossen, wenn sie auf dem Weg zwischen Wien und Triest hier Halt gemacht haben. Aus jener Zeit stammt auch der legendäre Teller „Gemischt" *(malo mešano),* der eine halbe Portion Gulasch und eine halbe Portion Kutteln enthält.

Direkt gegenüber steht unübersehbar, auf der rechten Seite der Straße, das ⭐ Nebotičnik (Štefanova ulica 1) genannte erste moderne Hochhaus auf dem gesamten Gebiet des ehemaligen Königreichs Jugoslawien. Das Gebäude wurde 1933 auf zwölf Stöcken errichtet und war das Werk des Architekten Vladimir Šubic (1894–1946), der nach dem Studium in Graz, Wien und Prag einige Bauwerke für Ljubljana plante. Sein wichtigstes ist zweifelsohne das siebzig Meter hohe Nebotičnik-Gebäude, das als Reaktion auf den damaligen Baustil in den USA entstand und den Aufstieg Ljubljanas zur Großstadt symbolisieren sollte. Auch europaweit war es eines der modernsten Häuser, das in Verbindung mit zwei weiteren Gebäuden die erste Einkaufspassage Ljubljanas bildete. Im Inneren baute man Schnelllifte, Klimaanlagen und eine ölbetriebene Zentralheizung ein. Die Eingangshalle ist mit dunklem Marmor getäfelt und eine Spiraltreppe im Art-déco-Stil windet sich zu den Privatwohnungen und Büroräumen, die noch heute genutzt werden, nach oben. Die Dachterrasse des Hochhauses ist einer der beliebtesten Treffpunkte für Einheimische und Touristen, da man von hier aus den schönsten Blick auf die Burg genießen kann. Hier befindet sich das ☕ Café Nebotičnik (Štefanova ulica 1, Tel. +386 040 23 30 78, www.nebotičnik.si, So–Mi 9–1, Do–Sa 9–3 Uhr), das auch bis spät in die Nacht als Club geöffnet hat. Zum gastronomischen Angebot im Nebotičnik gehören auch noch ein Restaurant, eine Klub- und VIP-Lounge mit DJ-Abenden.

Einige Schritte weiter befindet sich die kleine, aber feine 🏛 Kunstgalerie MAK (Galerija MAK, Slovenska cesta 35, Tel. +386 01 320 56 80, www.galerijamak.com, Mo–Fr 9–19, Sa 9–13 Uhr, So und Fei geschlossen), in der man Bilder, Schmuck, Keramik und Skulpturen bekannter, zeitgenössischer slowenischer und internationaler Künstler kaufen kann; die Auswahl an Kunstwerken ist sehr groß. Zusätzlich bietet man Restaurierungen, Schätzungen und persönliche Beratungen an.

Auf der rechten Seite der Straße kommen wir zum ☕ Café Zvezda (Kavarna Zvezda Slon, Slovenska cesta 34, Tel. +386 01 470 11 46, www.zvezdaljubljana.si, Mo–Mi 8–24, Do–Sa 8–1, So und Fei 9–24 Uhr), das vor allem wegen seiner vorzüglichen Tortenkreationen äußerst beliebt ist und zu einem der nobelsten Hotels der Stadt gehört – dem

Slon. Es ist zweifelsohne eines der elegantesten Cafés Ljubljanas und man kann zu einer Tasse Kaffee oder Tee neben verschiedensten Torten auch Croissants, Kuchen, Strudel und selbstgemachte Pralinen bestellen. Im Zvezda, das auf der Liste „Ljubljana Quality 2015" des hiesigen Tourismusverbandes geführt wird, gibt es auch köstliche Süßspeisenkreationen für Veganer.

Das nächste geschichtlich interessante Gebäude auf unserem Weg ist die **Postzentrale** (Pošta Slovenije, Čopova ulica 11) aus dem Jahre 1895 im italienischen Renaissancestil. Das weitläufige, zweistöckige Eckhaus mit schwarzer Kuppel steht an einer der schönsten Kreuzungen der Innenstadt, an der bis 2015 der individuelle Autoverkehr durchflitzte. 1897 wurde in diesem Prachtbau die erste städtische Telefonzentrale mit Leitungen nach Wien, Graz und Triest eröffnet. Das Postgebäude ist mit Figuren am Dach, Stuckaturen sowie Wappen an der Fassade dekoriert. An dieser Kreuzung zeigt sich, dass sich moderne und historische Architektur sehr harmonisch miteinander verbinden lässt.

Am kürzlich renovierten Hotel Slon kann man nach links abbiegen und die pulsierende Čopova ulica hinunter zum Prešeren-Platz, dem Nabel der Stadt, spazieren (siehe Route 2).

Wenn man genug vom Beton der Innenstadt hat, kann man an dieser Stelle nach rechts in die Cankarjeva cesta abbiegen und Richtung Tivoli-Stadtpark direkt ins Grüne gehen (siehe Route 4). Wir bleiben aber auf der großen Flaniermeile Slovenska cesta

Café Nebotičnik, mit umwerfendem Ausblick auf die Stadt

Das Hauptgebäude der Universität am Kongressplatz

und kommen nach ca. fünf Minuten zum Kongressplatz (Kongresni trg) auf der linken Seite unseres Weges. Diese große, grüne Oase entstand bereits im Barock und wurde anlässlich des Kongresses der sogenannten Heiligen Allianz im Jahre 1821 nach französischem Vorbild an der Stelle eines abgerissenen Klosters angelegt. Damals trafen sich der österreichische Kaiser Franz I., der russische Zar Alexander I. und Gesandte des preußischen Königs Friedrich Wilhelm II. in Ljubljana, um revolutionäre Bewegungen aufzuhalten und so den Frieden in Europa zu gewährleisten. Dies war sicher die mächtigste Delegation, die jemals hier zu Gast war, und der Kongressplatz ist dementsprechend von bedeutenden Institutionen umgeben. Auf der Südseite steht das Hauptgebäude der ⭐ **Universität von Ljubljana** (Univerza v Ljubljani, Kongresni trg 12, Tel. +386 01 241 85 00, www.uni-lj.si), in der der erwähnte Kongress stattfand. Früher tagte in diesem Neorenaissancebau aus dem 19. Jh. von 1861 bis zum Zerfall Österreich-Ungarns 1918 der Landtag des Kronlandes Krain. Im Jahre 1919 wurde das Haus zum Hauptgebäude der neu gegründeten ersten slowenischen Universität, die mittlerweile über 40.000 Studierende hat und laut Shanghai-Ranking zu den 500 besten Hochschulen der Welt zählt. Aufgrund der zahlreichen Studenten und der Tatsache, dass ca. dreißig Prozent der Einwohner unter 34 Jahre alt sind, hat Ljubljana einen ausgesprochen jugendlichen Charakter und es herrscht eine angenehm aufgeschlossene Atmosphäre, von der man sich gerne anstecken lässt. Gleich neben der Universität steht in der südöstlichen Ecke des Platzes die ehrwürdige **Slowenische Philharmonie** (Slovenska filharmonija, Kongresni trg 10, Tel. +386 01 241 08 00, www.filharmonija.si). Diese bemerkenswerte Institution wurde bereits 1701 nach italienischem Vorbild als Academia Philharmonoricum Labaciensis gegründet und fungierte als Verein für adelige und bürgerliche Orchestermusiker. 1794 wurde daraus die Philharmonische Gesellschaft, die als eine der Ersten der Donaumonarchie bis zum großen Brand 1885 an dieser Stelle im ehemaligen Landestheater beheimatet war. Das heutige Palais mit den drei Eingangstoren wurde 1891 errichtet. Zu den bekanntesten Mitgliedern des Philharmonie-Orchesters zählen Haydn, Beethoven, Paganini und Brahms. Gustav Mahler war ordentlich angestellter Dirigent der Saison 1881/82. Das geschichtsträchtige Orchester ruht sich nicht auf seinen Lorbeeren aus, sondern veranstaltet 32 Abonnementkonzerte im Jahr sowie zahlreiche Matineen und Gastauftritte, die auf mittlerweile achtzig CD-Produktionen verewigt sind.

Ljubljana mag zwar nicht am Meer liegen, aber das slowenische Küstengebiet ist nur rund hundert Kilometer entfernt und wurde 1954 als Teil des Pariser Friedensvertrages mit Italien der damaligen jugoslawischen Teilrepublik Slowenien zugesprochen, woran der große **Anker** (Sidro) auf dem Platz erinnern soll. Der Kongressplatz ist gleichzeitig auch ein Park, in dem ein schmucker Pavillon steht, wo

Grünoase am Kongresni trg, im Hintergrund das gelbe Gebäude der Slowenischen Philharmonie

gelegentlich Konzerte stattfinden. Jedes Jahr werden im Juni verschiedenste Konzertabende im gesamten Bereich des Kongressplatzes veranstaltet und im August kann man sich hier Filme im Open-Air-Kino ansehen. Zwischen den Bäumen steht auf den Überresten der römischen Stadtmauer auf einer Säule die bronzene **5 Statue eines Bewohners des antiken Emona** (Kip Emonec). Es handelt sich hierbei um ein Replikat der Figur, die man Mitte des 19. Jhs. bei Bauarbeiten im Bereich des

---

★ UNBEDINGT HINGEHEN

Brauhaus
Kratochwill → Seite 59
Café Nebotičnik → Seite 62
Café Maxi → Seite 69

Kongressplatzes fand. Das Original wird im Nationalmuseum aufbewahrt und zählt zu den wertvollsten Sammlungsstücken (siehe Route 4). Dahinter steht am nördlichen Rand des Parks das neoklassizistische **6 Kazina** (Kongresni trg 1) aus dem Jahre 1838. Hier gründete man ein Casino, in dem sich Bürger und Adelige zum Zwecke des unbeschwerten Vergnügens trafen. Es wurde getanzt, gespielt, getrunken und gegessen. Im unteren Bereich befanden sich ein Café mit Billardtisch sowie zwei weitere Spielräume, die der allgemeinen Stadtbevölkerung zur Verfügung standen. Im ersten Stock durften sich nur Mitglieder des erlesenen Casino-Vereins amüsieren. Das rosarote Palais galt lange Zeit als Hauptschauplatz des gesellschaftlichen Lebens Ljubljanas und war berühmt für seine schönen Innenräume. Heute befinden sich in dessen Inneren das Archiv der Republik Slowenien sowie das Institut für neuere Geschichte.

Sollte man am Kongressplatz Hunger oder Durst verspüren, gibt es hier eine reichhaltige Auswahl an Cafés und Lokalen. Eine der beliebtesten Street-Food-Einrichtungen am Platz ist das **Frks** (Kongresni trg 6, Tel. +386 040 15 17 05, www.frks.si, Mo–Di 8–1, Mi–Sa 8–6.30, So 17–1 Uhr). Hier dreht sich alles um unterschiedlich gefüllte mexikanische Tortillas, die geschmacklich an Mitteleuropa angepasst und *frks* genannt werden. Die Zutaten sind frisch und vielfältig und die Preise sind absolut fair. Jetzt müssen Sie es nur noch schaffen, „frks" zu sagen.

Ganz in der Nähe befindet sich neben dem Universitätsgebäude das neue **Museum der Illusionen** (Muzej iluzij, Kongresni trg 13, Tel. +386 01 320 54 66, www.muzejiluzij.si, täglich 9–20 Uhr), das zu den beliebtesten der Stadt zählt. Dieses Erlebnismuseum für Jung und Alt testet mit Hologrammen, Bildern und Installationen die Wahrnehmung seiner Besucher. Es gibt

Die barocke Ursulinenkirche am Kongressplatz

insgesamt sechs verschiedene thematische Räume und die Ausstellungsstücke sind auch in deutscher Sprache erklärt.

Etappe 2: Vom Kongressplatz zum archäologischen Park Emona

Auf dem Kongressplatz steht am Rande der Slovenska cesta die barocke **7 Dreifaltigkeitssäule** (Steber sv. Trojice), hinter der sich auf der anderen Straßenseite die mächtige **8 Ursulinenkirche** (Uršulinska cerkev sv. Trojice, Slovenska cesta 21) erhebt. Das beeindruckende Kirchengebäude wurde zwischen 1718 und 1726 unter der Leitung des friulanischen Barockarchitekten Carlo Martinuzzi erbaut. Außergewöhnlich ist die dreiteilige Fassade mit einer wellenartigen Front, die durch sechs markante Halbsäulen betont wird. Im Inneren befindet sich ein Hauptaltar aus verschiedenfarbigem afrikanischem Marmor von Francesco Robba. Der untere Teil der Kirche mit dem von Balustraden umgebenen Treppenaufgang stammt von Jože Plečnik, der Anfang der Dreißigerjahre den Kongressplatz mit dem Park neu gestalten ließ. Weiter im Wegverlauf an der Slovenska cesta kommen wir an der nächsten Wegkreuzung rechts zu einem sehr schön renovierten Wohnhaus aus den Dreißigerjahren mit einem markanten, halbrunden Vorbau an der Ecke. Seit 2011 befindet sich hier das noble **Hotel Cubo** (Slovenska cesta 15, Tel. +386 01 425 60 00, www.hotelcubo.com), das zu einem der besten Ljubljanas gewählt wurde. Im ausgezeichneten Restaurant

★ Ivan Cankar (1876–1918)

Gilt als der bedeutendste slowenische Schriftsteller der Moderne. In seinen Kurzgeschichten und Romanen prangerte er vor allem soziale Missstände und politische Ungerechtigkeit an. Sein Studium an der Technischen Universität in Wien brach er ab, um sich der Literatur zu widmen. 1899 veröffentlichte er seinen ersten Gedichtband, „Erotika". Der Laibacher Bischof Anton Bonaventura Jeglič kaufte die Auflage nahezu komplett auf und verbrannte sie. Hohe Meisterschaft erlangte Cankar in seiner Prosa, in der er sich für sozial schwache Bevölkerungsgruppen einsetzte. Die Erzählung „Der Knecht Jernej und sein Recht" *(Hlapec Jernej in njegova pravica)* über den Kampf für die Rechte der Arbeiterschaft schrieb er als Grundlage für seine politischen Ambitionen in der Sozialdemokratie, die jedoch scheiterten. Das Buch wurde in nahezu alle europäischen Sprachen sowie ins Chinesische übersetzt. 1913 hielt Cankar seine berühmte Rede über die politische Zusammenarbeit der südslawischen Völker und wurde in der Folge wegen des Verdachts auf Hochverrat inhaftiert. Ein Jahr später saß er wegen serbenfreundlicher Äußerungen im Gefängnis. Ivan Cankar liegt am Friedhof Žale in Ljubljana begraben.

wird für die Gäste mit saisonaler Speisekarte auf hohem Niveau gekocht.

Von hier aus machen wir eine Exkursion ins Regierungsviertel und biegen rechts in die Erjavčeva cesta ein, wo wir nach ein paar Schritten zur ältesten Pizzeria Ljubljanas, der **Pizzeria Parma** (Trg republike 2, Tel. +386 01 426 82 22, www.picerija.net, Mo–Fr 10–21, Sa 10–14.30 Uhr, So geschlossen) kommen, die hier seit 1973 betrieben wird. Vor allem bei den Studenten der angrenzenden Institute ist das Traditionslokal sehr beliebt, die Pizzas sind klein, dafür aber sehr dick und günstig. Auf dem Platz der Republik (Trg republike) befindet sich ein Kubus, auf dem das Porträt eines Mannes mit gezwirbeltem Schnurrbart zu sehen ist. Es handelt sich um das **9 Denkmal für Ivan Cankar** (1876–1918), dem bedeutendsten slowenischen Schriftsteller der Moderne. Dahinter steht das imposante Gebäude **10 Cankarjev dom** (Prešernova cesta 10, Tel. +386 01 241 71 00, www.cd-cc.si), das auch nach ihm benannt ist und als wichtigstes Kultur- und Kongresszentrum des gesamten Landes gilt. Das Bauwerk wurde als letztes auf diesem Platz im Jahre 1982 fertiggestellt. Die Pläne für das Haus mit vier Veranstaltungssälen stammen von Edvard Ravnikar (1907–1993), einem Schüler Jože Plečniks.

Das markante Portal des slowenischen Parlaments

Wenn Sie den vom Stil des sozialistischen Modernismus geprägten Platz der Republik bis zum Ende gehen, kommen Sie zum **Parlamentsgebäude** (Šubičeva ulica 4, Tel. +386 01 478 94 00, www.dz-rs.si) mit dem markanten, zweistöckigen Portal mit Reliefs des arbeitenden Volkes. Das Haus wurde in den Jahren 1954 bis 1959 nach Plänen des montenegrinischen Architekten Vinko Glanz (1902–1977), der auch an vielen anderen Orten des damaligen Jugoslawiens wirkte, gebaut. Das Parlament ist prinzipiell offen für Besichtigungen, allerdings nur nach Voranmeldung für organisierte Gruppen bis fünfzig Personen. Der ausgedehnte Platz der Republik ist übrigens ein sehr beliebter Ort für Proteste und Kundgebungen, so wurde etwa am 25. Juni 1991 genau hier vor der jubelnden Menge die Unabhängigkeit Sloweniens erklärt. Auf diesem Platz steht seit 1971 das mittlerweile renovierte Maxi-Einkaufszentrum, in dem sich das legendäre **Café Maxi** (Kavarna in slaščičarna Maxi, Trg republike 1, Tel. +386 051 28 53 42, www.maxi.si, Mo–Fr 7.30–22, Sa 8–17 Uhr, So geschlossen) befindet. Hier werden seit vierzig Jahren die von allen geliebten hauseigenen Maxi-Schnitten zubereitet. Das Rezept stammt vom Konditormeister Avgust Plestenjak, der mit diesen Schnitten angeblich auch die englische Königsfamilie verwöhnte. Die saftige Mehlspeise enthält Vanillecreme, geriebene Nüsse und ist mit Schokolade umhüllt.

Wir gehen die Erjavčeva cesta entlang, vorbei am Cankarjev dom, und kommen zum Park des Europarates (Park Sveta Evrope). Hier biegen wir links in die Prešernova cesta, eine der schönsten Straßen Ljubljanas, ein und kommen zum 12 **Präsidentenpalast** (Predsedniška palača, Prešernova cesta 8). Der heutige Sitz des Präsidenten der Republik Slowenien wurde ursprünglich 1897 im Neorenaissancestil als Hauptsitz der Krainer Landesämter gebaut und 1993 zum städtischen Kulturdenkmal erklärt. Die Ecken des Palastes bilden Türme, es gibt zwei Innenhöfe und die beiden weiblichen Statuen am Haupteingang sind Allegorien des Gesetzes und der Macht. Wir gehen am Haupteingang des Palastes in der Prešernova cesta vorüber und biegen links in die Gregorčičeva ulica ein, wo wir am Generalsekretariat der Regierung (Generalni sekretariat) vorbeikommen. Nach einigen Schritten geht es links in die Igriška ulica und wir landen wieder am Ausgangspunkt unserer Exkursion, dem Hotel Cubo an der Hauptroute Slovenska cesta.

Unser nächstes Ziel entlang der Slovenska cesta ist das Gebäude des 13 **Slowenischen Nationaltheaters Drama Ljubljana** (Slovensko narodno gledališče Drama Ljubljana, Erjavčeva cesta 1, Tel. +386 01 252 14 62, www.drama.si). Das ursprünglich „Kaiser Franz Joseph Jubiläums Theater" genannte Haus wurde 1911 erbaut und mit dem „Kaisermarsch" von Richard Wagner eröffnet. Hervorstechend ist der breite Balkon, der sich auf zwei Säulen über dem Haupteingang erhebt und mit einem großen Bogenfenster dekoriert

Slowenisches Nationaltheater Drama Ljubljana

ist. Während des Ersten Weltkriegs wurde das Theater zum Kinosaal umfunktioniert, seit 1919 ist hier der Sitz des Slowenischen Nationaltheaters Drama. Im Haus werden nicht nur slowenische Stücke, sondern auch klassische und zeitgenössische Vorstellungen der europäischen Theaterliteratur aufgeführt. Einer der Höhepunkte ist das alljährliche Drama Festival, bei dem man zwischen Ende Mai und Anfang Juni gemeinsam mit Partnerhäusern aus Klagenfurt, Triest, Zagreb und anderen Städten die Höhepunkte des jeweiligen Theaterjahres präsentiert.

Einige Meter weiter kommen wir zu einem markanten Hochhaus mit Ziegelfassade, in dessen Erdgeschoß sich die renommierte 🏛 **Jakopič-Galerie** (Galerija Jakopič, Slovenska cesta 9, Tel. +386 01 425 40 96, www.mgml.si, Di–So 10–18 Uhr, Mo geschlossen) befindet. Hier kann man zeitgenössische Arbeiten von slowenischen und internationalen Fotografen, visuellen Künstlern und Designer bestaunen. Benannt wurde die Galerie nach Rihard Jakopič (1869–1943), einem der bedeutendsten slowenischen Maler des 20. Jhs. Er wirkte auch in Wien, Paris und Prag und baute den ersten slowenischen Kunstpavillon, der leider abgerissen wurde.

An der nächsten Kreuzung biegen wir rechts in die Römerstraße (Rimska cesta) ein und

Žmauc: farbenfroh gestaltete Bar

kommen zum Park Foersterjev vrt, einer grünen Oase zwischen der 🏛 **Philosophischen Fakultät** (Filozofska fakulteta, Aškerčeva cesta 2) und der 🏛 **Fakultät für Maschinenbau** (Fakulteta za strojništvo, Aškerčeva cesta 6). Wenn Sie die Rimska cesta von hier aus einige Schritte weitergehen, kommen Sie auf der linken Seite zum 🍷 **Žmauc** (Rimska cesta 21, Tel. +386 01 251 03 24, www.barzmauc.sqwiz.si, Mo–Fr 7.30–1, Sa 10–1, So 18–1 Uhr), einem der populärsten Studentenlokale Ljubljanas. In dieser farbenfrohen, mit Graffiti geschmückten Bar können Sie in gemütlicher Atmosphäre Cocktails oder Craft-Bier auch im grünen Innenhof genießen, wo gelegentlich DJs ihre Platten auflegen.

Vom Park Foersterjev vrt gehen wir über die Stra-

Gut erhaltene Reste der Römischen Stadtmauer des antiken Emona

ße Aškerčeva cesta an der 🏛 **Pharmazeutischen Fakultät** (Fakulteta za farmacijo, Aškerčeva cesta 7) vorbei und kommen zur ✦14✦ **Römischen Stadtmauer** im Stadtteil Mirje (Rimski zid na Mirju). Ursprünglich wurde die Befestigungsmauer des antiken Emona in den Jahren 14 und 15 n. Chr. gebaut und war bis zu acht Meter hoch und ca. 2,5 Meter breit. Sie wurde um den Siedlungskern in der Form eines Rechtecks gezogen und hatte 26 Türme sowie vier Haupttore. Emona war ganz offensichtlich eine wichtige Festung, da es auf der Route des bedeutenden Bernsteinweges zwischen dem Baltikum und dem Mittelmeerraum lag. Wir stehen vor dem gut erhaltenen südlichen Abschnitt der Innenmauer der antiken militärischen Befestigungsanlage, die von Jože Plečnik zwischen 1932 und 1938 in der heutigen Form gestaltet wurde. Durch seine Intervention wurde die Römische Mauer vor dem Abriss bewahrt und ist mit der Umgestaltung noch heute als Kulturdenkmal erhalten. Die Pyramide formte er aus herumliegenden, überschüssigen Steinen, und er gestaltete auch die Gewölbe der antiken Häuser sowie den anliegenden Park an der Innenseite der Mauer. Dieser Ort ist übrigens tagsüber ein beliebter Treffpunkt für kletterbegeisterte Sportler, die ihr Geschick an der Mauer testen oder einfach die Sonne auf diesen Fundamenten der Antike genießen wollen. Von der Stadtmauer gehen wir auf der Straße Mirje Richtung Barjanska cesta, wo wir die Kreuzung überqueren und an der linken Seite zum

15 Archäologischen Park Emonska hiša (Mirje 4, Tel. +386 01 241 25 00, www.mgml.si, April bis Okt. Di–So 10–18 Uhr) kommen, dem Ende unserer Tour. Hier können sie die Überreste eines römischen Hauses aus dem 4./5. Jh., das ursprünglich Teil eines Reihenhauskomplexes mit großem Innenhof war, besichtigen. Unter anderem sind Teile der Straße, Mosaiksteine, Reste einer Fußbodenheizung und Spuren des antiken Kanalisationssystems erhalten. Die Ausgrabungen zeigen ein schon damals hochentwickeltes Bauwesen, über das wir nur staunen können. Von hier aus können Sie an der Haltestelle Mirje mit dem Bus Nr. 9 wieder zurück Richtung Zentrum fahren.

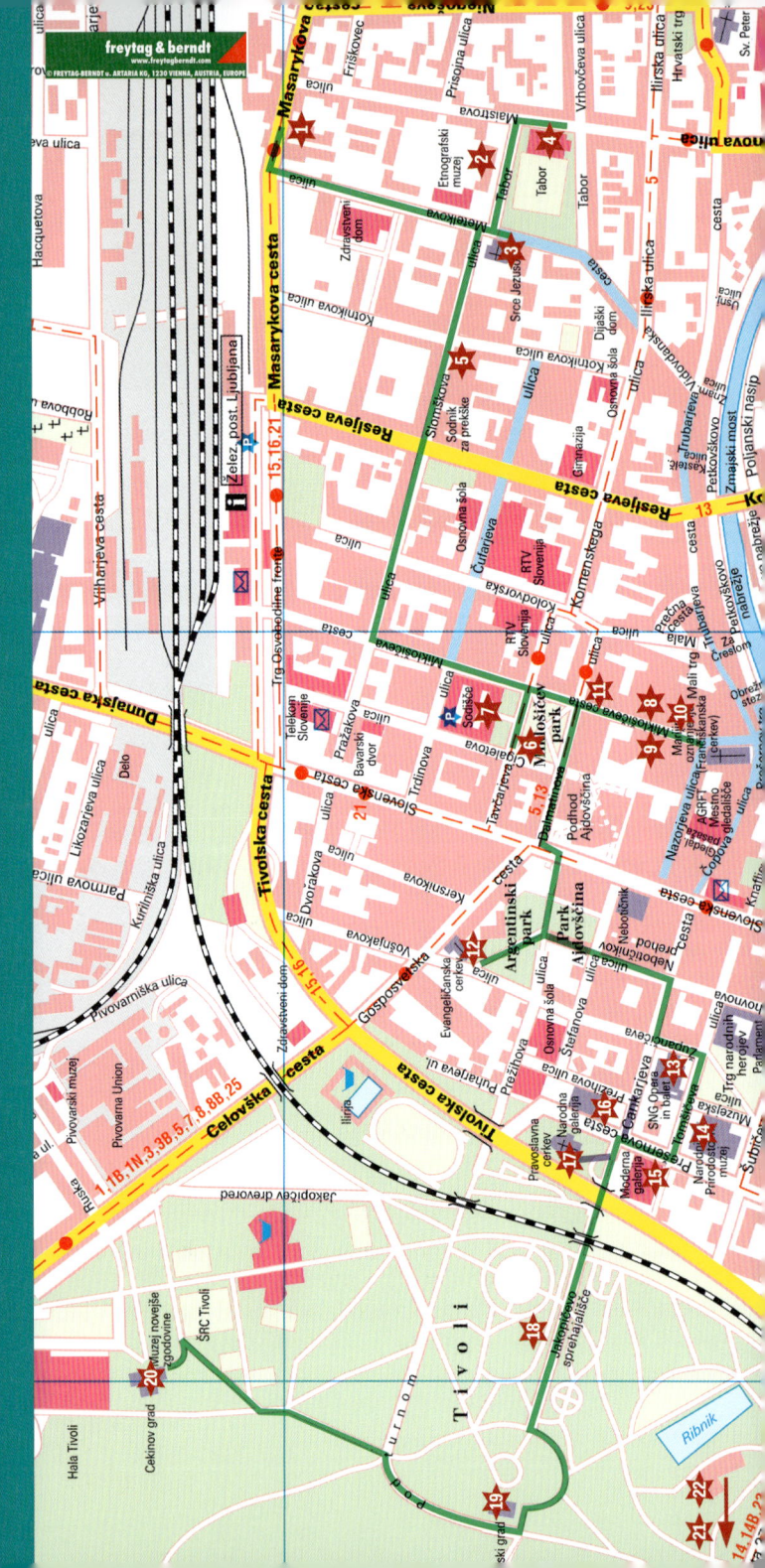

Blick vom Schloss Tivoli auf die Jakopič-Promenade

4 Von Park zu Park durch die Grüne Hauptstadt Europas

AUSGANGSPUNKT Künstlerviertel Metelkova
ENDPUNKT Schloss Tivoli
DAUER halber Tag

DIE ROUTE Etappe 1: Masarykova cesta (1 Künstlerviertel Metelkova) – Metelkova ulica – Maistrova ulica – Tabor-Park (2 Slowenisches ethnografisches Museum, 3 Herz-Jesu-Kirche, 4 Historische Sporthalle Sokolski dom) – Slomškova ulica (5 Elektrizitätswerk) – Pražakova ulica – Miklošičeva cesta – (6 Miklošič-Park – Tavčarjeva ulica (7 Justizpalast) – (Exkurs: Miklošičeva cesta [8 Vurnik-Haus, 9 Grand Hotel Union, 10 Gebäude der Volksdarlehnskasse, 11 Bamberger-haus]). Etappe 2: Dalmatinova ulica – Park der slowenischen Reformation (12 Evangelische Kirche Primož Trubar) – Štefanova ulica – Beethovnova ulica – Cankarjeva cesta – Župančičeva ulica (13 Opernhaus) – Trg narodnih herojev (14 Nationalmuseum) – Tomšičeva ulica – (Exkurs ins Botschaftsviertel: Prešernova cesta) – Prešernova cesta – Cankarjeva cesta (15 Moderne Galerie) – Prešernova cesta (16 Nationalgalerie, 17 Serbisch-orthodoxe Kirche) – Cankarjeva ulica – 18 Tivoli-Park (19 Schloss Tivoli) – (Weitere Exkurse: 20 Schloss Cekinov grad, 21 Zoo von Ljubljana, 22 Rožnik-Hügel, 23 Grüner Ring)

Bei dieser Route werden wir von Park zu Park spazieren und dabei entdecken, dass Ljubljana auch außerhalb der Altstadt sehr viel Schönes und Interessantes zu bieten hat. Die Stadt hat nicht umsonst den Titel European Green Capital 2016 bekommen, denn an jeder Ecke warten grüne Oasen, die oft von schönen Gebäuden oder spannende Kulturinstitutionen umgeben sind. In den letzten Jahren wurden viele Parkanlagen revitalisiert und tausende neue Bäume gepflanzt. Fast die Hälfte der Stadt besteht heute aus Wiesen, Waldflächen und Parks. Das Ziel wird der große Tivoli-Park sein, die grüne Lunge der Stadt, wo man sich nach ausgedehnten Spaziergängen am Fischteich im Café entspannen oder im Schloss Tivoli eine moderne Kunstausstellung besuchen kann. Der Tivoli-Park wurde mittlerweile zum Naturpark erklärt und ist ein sehr beliebter Ausgangspunkt für kleinere Wanderungen zum nahe gelegenen Zoo, dem Rožnik-Hügel oder zum dreißig Kilometer langen Grünen-Ring, der die Stadt umrundet.

Etappe 1: Vom Künstlerviertel Metelkova bis zum Miklošič-Park

Unsere Route beginnt im autonomen **Künstlerviertel Metelkova** (Metelkova mesto) in der Nähe des Hauptbahnhofes, im Norden der Innenstadt. Der Eingang ins ummauerte Areal ist an der Masarykova cesta 24, bei der Busstation Friškovec. Ursprünglich handelte es sich bei diesem Gebäudekomplex aus dem 19. Jh. um eine Heereskaserne Österreich-Ungarns, in der später

Das autonome Künstlerviertel Metelkova

Hostel Celica, in den Räumlichkeiten einer ehemaligen Kaserne

die Jugoslawische Volksarmee bis zur Unabhängigkeit Sloweniens 1991 stationiert war. In den Neunzigerjahren siedelten sich hier autonome Künstlergruppen an, die sich auf dem weitläufigen Areal so etwas wie eine Stadt in der Stadt schufen, die mittlerweile schon als Touristenattraktion bezeichnet werden kann. Hier finden innerhalb der mit Graffiti besprühten Gemäuer Konzerte, Feste und Installationen aus den Reihen der heimischen und weltweiten alternativen Szene statt. Sehr viel zur internationalen Popularität von Metelkova hat das **Hostel Celica** (Celica Art Hostel, Metelkova ulica 8, Tel. +386 01 230 97 00, www.hostelcelica.com) beigetragen, das sich im ehemaligen Militärgefängnis befindet und somit sicher zu den außergewöhnlichsten Unterkünften Ljubljanas zählt. Gäste schlafen hier in den ehemaligen Gefängniszellen, die von verschiedenen Künstlern individuell gestaltet wurden, so dass keine Zelle der anderen gleicht. Man kann sich die Schlafstellen auch bei speziellen Führungen durch das Haus ansehen. Kein anderes Hostel in Slowenien bekam so viele Preise wie das Celica: Lonely Planet kürte es beispielsweise 2006 zum „Hippest Hostel in the World" und 2016 wurde Celica der internationale Gold-Travelife-Preis für nachhaltigen Tourismus verliehen. Das Hostel ist aber nur ein kleiner Teil des weitläufigen Metelkova-Komplexes, in dem sich neben Konzerthallen, Kneipen und Clubs seit 2011 auch ein **Museum für zeitgenössische Kunst** (Muzej sodobne umetnosti Metelkova, Mai-

Museum für zeitgenössische Kunst, Teil des Metelkova-Komplexes

strova ulica 3, Tel. +386 01 241 68 00, www.mg-lj.si, Di–So 10–18 Uhr) befindet. Man kann das empfehlenswerte Museum auch mit einem Kombiticket für die Moderne Galerie (Moderna galerija) am Tivoli-Park besuchen und bekommt damit fünfzig Prozent Nachlass (für beide Museen € 7,50). Am südlichen Ende des Areals befindet sich das **Slowenische ethnografische Museum** (Slovenski etnografski muzej, Metelkova ulica 2, Tel. +386 01 300 87 00, www.etno-muzej.si, Di–So 10–18 Uhr, Mo geschlossen). Das wichtigste ethnografische Museum Sloweniens ist seit 1993 in diesem Gebäude beheimatet, die ersten Sammlungen des Hauses entstanden jedoch bereits im Jahre 1888 im ehemaligen Landesmuseum des Herzogtums Krain, dem heutigen Nationalmuseum (siehe Etappe 2). Das mehrfach international ausgezeichnete Museum bietet einen tiefen Einblick in das Alltagsleben vergangener Zeiten. Die zahlreichen Ausstellungsstücke umfassen Kleidung, Alltagsgegenstände und Werkzeuge, die entweder auf dem Feld, im Haus oder bei der Jagd verwendet wurden. Zusätzlich gibt es eine außereuropäische Sammlung von Gegenständen aus Afrika, Südamerika und China, die von Missionaren, Diplomaten und Wissenschaftlern ins damalige Krain gebracht wurden. Für Inhaber der Ljubljana Card ist der Eintritt frei. Das Museum beherbergt auch das hauseigene **Café SEM** (Kavarna SEM, Metelkova ulica 2, Tel. +386 041 72 96 19, So–Do 7–1, Fr und Sa 7–3 Uhr) mit grünem Gastgarten, wo gelegentlich Konzerte oder Lesungen veranstaltet werden. Im Inneren finden jede Woche Tanzabende statt und für ausreichend Kalorien sorgt die Ljubljana-Torte *(torta Ljubljana)*. Angeblich wurde sie von einem Koch kreiert, der damit die Gunst einer adeligen jungen Dame erwarb. Das genaue Rezept ist natürlich ein Geheimnis, auf jeden Fall enthalten sind Buchweizenmehl, Kastanien, Kürbiskerne, getrocknete Feigen, Honig und Schokolade. Die Torte wird in ausgewählten Cafés und Konditoreien der Stadt angeboten.

Das Museum befindet sich am nördlichen Rand des Tabor-Parks, der von weiteren interessanten Gebäuden flankiert wird. Schräg gegenüber befindet sich die **3 Herz-Jesu-Kirche** (Cerkev srca Jezusovega, Tabor 12) aus dem Jahre 1883, das einzige im neogotischen Stil gebaute Gotteshaus Ljubljanas. Kaiser Franz Joseph I. kam im Zuge der Feierlichkeiten zur 600-jährigen Herrschaft der Habsburger über das Herzogtum Krain nach Ljubljana und begutachtete höchstpersönlich das mit roten Backsteinen gebaute Werk. Er war es auch, der den Lazaristen, die die Kirche in Auftrag gaben, die Niederlassung im Kaiserreich erlaubte.

Auf der gegenüberliegenden Seite des Parks steht die **4 Historische Sporthalle Tabor** (Sokolski dom, Tabor 13), die 1926 nach den Plänen des Architekten Ivan Vurnik (1884–1971) im ornamentalen slowenischen Volksstil geplant wurde und das Ende der Jugendstilära in Ljubljana markierte. Vurnik gilt neben Jože Plečnik und Maks Fabiani als einer der Begründer der

Ethnografisches Museum: Einblicke ins Alltagsleben vergangener Zeiten

modernen slowenischen Architektur. Den Auftrag für den Bau einer der ersten großen überdachten Turnhallen Sloweniens gab der erste slowenische Turnverein Sokol (Falke), der sich nach tschechischem Vorbild 1863 in Ljubljana formierte. Neben sportlichen Aktivitäten verstand sich der Verein auch als kulturpolitische Bewegung, die für die politische und ökonomische Selbstständigkeit der Slowenen und anderer Südslawen eintrat.

Vom Tabor-Park gehen wir hinter der Herz-Jesu-Kirche

★ UNBEDINGT HINGEHEN

Künstlerviertel
Metelkova → Seite 76
Opernhaus → Seite 83
Nationalgalerie → Seite 86
Tivoli-Park → Seite 90
Schloss Tivoli → Seite 92

auf die Slomškova ulica und kommen an der nächsten Kreuzung zum alten städtischen **5 Elektrizitätswerk** (Stara mestna elektrarna – Elektro Ljubljana, Slomškova ulica 18, Tel. +386 01 231 44 92, www.bunker.si). Das ehemalige thermische Kraftwerk mit dem hohen Kaminturm wurde ursprünglich 1897 gebaut und 2001 zum städtischen Kulturdenkmal erklärt. Seit einigen Jahren werden im Inneren Konzerte, Theateraufführungen und Festivals veranstaltet. Beispielsweise findet jedes Jahr im August das Festival „Mladi levi" statt, bei dem junge Künstler zeitgenössische Theater- und Tanzperformances veranstalten.

Wir gehen die Slomškova ulica, die zur Pražakova ulica wird, weiter bis zur dritten Kreuzung und biegen links in die Miklošičeva cesta ein. Wenn Sie hier einige Schritte die Straße Richtung Prešeren-Platz entlanggehen, kommen Sie auf der linken Seite zur **Slowenischen Kinemathek** (Slovenska kinoteka, Miklošičeva cesta 28, Tel. +386 01 434 25 10, www.kinoteka.si). Hier werden Klassiker der Filmgeschichte sowie weniger bekannte Kult- und Experimentalfilme aus verschiedenen Genres vorgeführt. Das Programmkino widmet sich Regisseuren, Genres und Autoren in speziellen Retrospektiven, über die man sich auf der Homepage informieren kann. In Slowenien werden übrigens alle fremdsprachigen Filme im Originalton mit Untertiteln gezeigt, weshalb vor allem die Englischkenntnisse in diesem Land sehr gut sind.

An der zweiten Kreuzung Richtung zentralem Prešeren-Platz kommen wir auf der rechten Seite zum **6 Miklošič-Park** (Miklošičev park), der sich vor dem **7 Justizpalast** (Sodna palača, Tavčarjeva ulica 9) aus dem Jahre 1902 befindet. Der Park wurde nach dem slowenischen Sprachwissenschaftler und

Grünraum in der Stadt: Miklošič-Park

Dekan der Wiener Universität Fran Miklošič (1813–1893) benannt und bildet das Zentrum des einzigen ganzheitlichen Jugendstilplatzes in Ljubljana. Nach dem großen Erdbeben von 1895 wurde der Architekt Maks Fabiani vom damaligen Bürgermeister Ivan Hribar (1851–1941) mit der kompletten Neugestaltung des brach liegenden Areals nach Prager Vorbild beauftragt. Fabiani plante den Platz Slovenski trg in quadratischer Form, wobei die vier Eckbauten die gleiche Höhe haben und jeweils mit einem Fassadenturm ausgestattet sind. Der Miklošič-Park wurde vom tschechischen Gärtner Vaclav Hejnic (1864–1929) gestaltet, der danach auch zum Stadtgärtner ernannt wurde.

Vom Park aus empfiehlt sich eine Exkursion entlang der Miklošič-Straße: Die Miklošičeva cesta ist die schönste Verbindungsstraße zwischen Hauptbahnhof und dem zentralen Prešeren-Platz, da sich hier in der Nähe des Parks einige der herausragendsten Bauten des Jugendstils befinden, die nach dem großen Erdbeben entstanden. Dazu zählt etwa das bunte **8 Vurnik-Haus** (Vurnikova hiša, Miklošičeva cesta 8), sicherlich eines der berühmtesten und einzigartigsten Gebäude im slowenischen Ornamentstil, von Ivan Vurnik aus dem Jahre 1921. Im Bereich vor dem Prešeren-Platz steht das prachtvolle **9 Grand Hotel Union** (Miklošičeva cesta 1) des kroatischen Architekten Josip Vancaš (1859–1932), das zur Zeit seiner Erbauung 1905 das größte Gebäude der Stadt war. Direkt gegenüber befin-

Vurnik-Haus im slowenischen Ornamentstil

det sich das 🔟 **Gebäude der Volksdarlehnskasse** (Ljudska posojilnica, Miklošičeva cesta 4), auch dieses wurde von Vancaš geplant. Die mit vergoldeten Lettern reich dekorierte Fassade mit kleinen Balkons und Frauenstatuen macht es zum Paradebeispiel der Wiener Secession unter dem Einfluss Otto Wagners. Von Maks Fabiani stammt etwa das 1️⃣1️⃣ **Bambergerhaus** (Bambergova hiša, Miklošičeva cesta 16) aus dem Jahre 1907 am unteren Eck des Miklošič-Parks zur Dalmatinova ulica. Es zeigt bereits erste Abweichungen vom Jugendstil und erinnert eher an ein spätbarockes Palais mit Ornamenten und Figuren in der Fassade. Ljubljana ist ein wahres Mekka für Liebhaber des Jugendstils. Hier gibt es insgesamt mehr als achtzig Bauten dieser europäischen Stilepoche, die vor allem das Stadtbild zwischen dem Hauptbahnhof und der Altstadt mit ihren kostbaren dekorativen Elementen definiert.

Etappe 2: Vom Miklošič-Park zum Schloss Tivoli

Vom Miklošič-Park gehen wir entlang der Straße Dalmatinova ulica über die Slovenska cesta und kommen zum Park der slowenischen Reformation (Park slovenske reformacije/Argentinskí Park). Im nordwestlichen Teil des Parks steht die 1️⃣2️⃣ **Evangelische Kirche Primož Trubar** aus dem Jahre 1851. Sie ist das einzige Kirchengebäude der Evangelischen Kirche Augsburgischen Bekenntnisses in Ljubljana und wurde nach dem Begründer des slowenischen Protestantismus, Primož Trubar

(1508–1586), benannt. Direkt neben dem Sitz der Evangelischen Kirchengemeinde befindet sich seit 2014 eine spannende neue Galerie, die 🏛 **Galerija UAUU** (Gosposvetska cesta 7, Tel. +386 068 63 16 40, Mo–Fr 14–20, Sa 16–20 Uhr, So geschlossen). Das Kürzel bedeutet Universales Atelier der Straßenkunst. Ljubljanas erste Street-Art-Galerie wurde von jungen Künstlern in einem leerstehenden Geschäft gegründet und sorgt mit unorthodoxen Ausstellungen für frischen Wind in der hiesigen Kunstszene. Unter anderem bietet man auch individuell gestaltete T-Shirts zum Verkauf an und es werden Kunstworkshops für Kinder und Jugendliche organisiert.

Wir durchqueren den Park, in dem unter anderem naturgeschützte Kastanienbäume wachsen, bis zur Štefanova ulica, die wir kreuzen, und kommen in die Beethovnova ulica. Beethoven war übrigens Ehrenmitglied der Philharmonie (siehe Route 3) in Ljubljana und die nach ihm benannte enge Straße führt uns entlang hübscher Fassaden zur Cankarjeva cesta, wo wir rechts abbiegen. An der nächsten Kreuzung sehen wir auf der linken Seite das wunderschön restaurierte und reich verzierte 🎭 **Opernhaus** (SNG Opera in balet, Župančičeva ulica 1, Tel. +386 01 241 17 66, www.opera.si). Es wurde in den Jahren 1890 bis 1892 nach den Plänen der tschechischen Architekten Jan V. Hrasky und Anton Hruby im Neorenaissancestil erbaut. In diesem zentralen slowenischen Musiktheater werden neben Opernstücken auch Ballette

Das Opernhaus markiert den Anfang des Museumsviertels

und Konzerte aufgeführt. Im Zuge der Renovierungen wurde das historische Gebäude auf der westlichen Seite durch einen schwarzen kubischen Zubau deutlich erweitert, um höhere Zuschauerzahlen zu erreichen und den Künstlern mehr Raum zu geben. Eintrittskarten für Vorstellungen und weitere Informationen zum Spielplan erhalten Sie entweder online oder direkt vor Ort im 🏛 **Opern-Informationszentrum** (Informacijsko središče opere, Cankarjeva ulica 11, Tel. +386 01 241 59 59, Mo–Fr 10–17 Uhr).

Die Oper markiert den Anfang des Museumsviertels von Ljubljana, in dem Kunst- und Kulturbegeisterte bei so viel Angebot locker einen ganzen Tag verbringen können. Am Haupteingang des Opernhauses gehen wir links entlang der Župančičeva ulica, bis wir zur Parkanlage Trg narodnih herojev vor dem ⭐ **Nationalmuseum** (Narodni muzej, Prešernova cesta 20, Tel. +386 01 241 44 00, www.nms.si, täglich 10–18, Do 10–20 Uhr) kommen. Dieses älteste und wichtigste Museum zur Geschichte Sloweniens ist bereits seit 1888 aktiv und für die Öffentlichkeit zugänglich. Der momentan größte Schatz der Sammlung ist zweifelsohne das älteste gefundene Instrument weltweit. Dabei handelt es sich um eine Flöte aus einem Bärenknochen, die ein Neandertaler vor rund 60.000 Jahren auf dem heutigen Gebiet Sloweniens angefertigt hat. Das Nationalmuseum ist international berühmt für seine Situla aus Vače. Dabei handelt es sich um ein sehr gut erhaltenes Bronzegefäß mit figuralen Reliefs aus dem 5. Jh. v. Chr. Ein weiteres bedeutendes Ausstellungsstück ist die vergoldete Bronzestatue eines Bürgers des antiken Emona, deren Replikat auf dem Kongressplatz steht, wo man sie bei Ausgrabungen im 19. Jh. gefunden hat (siehe Route 3). Diese Figur auf einem Sockel ist die einzige gefundene Darstellung einer Zivilperson in dieser Form auf dem gesamten Gebiet des Römischen Imperiums, da sonst nur Statuen von Kaisern erhalten blieben. Die Grabstatue des Bürgers von Emona stammt aus der Zeit des Römischen Kaisers Trajan (53–117 n. Chr.). Im Erdgeschoß und im Gartenpavillon befindet sich ein Lapidarium mit rund 200 Steindenkmälern aus dem Gebiet Emonas. In der ägyptischen Sammlung kann man den einzigen in Slowenien ausgestellten Sarkophag mit Mumie bewundern, der bereits 1846 als Schenkung des damaligen österreichischen Generalkonsuls in Alexandria, Anton Lavrin, in die Sammlung gelangte. Empfehlenswert ist auch der Museumsshop, in dem man Replikate von Fundstücken und alten Münzen kaufen kann. Die ideale Gelegenheit für ein

Das Nationalmuseum zeigt Exponate zur Geschichte Sloweniens

unverwechselbares Geschenk, das nicht nur Münzsammler erfreuen dürfte. Der Eintritt ist für Kinder und Inhaber der Ljubljana Card kostenlos, Normalpreis ist € 6,–, Studenten zahlen € 4,–. Im gleichen Gebäude befindet sich übrigens auch das 🏛 **Naturkundemuseum** (Naravoslovni muzej), in dem man zum Beispiel ein originales Mammutskelett bestaunen kann.

Vom Nationalmuseum gehen wir auf der Tomšičeva ulica durch eine Kastanienallee und landen auf der rechten Seite im 🏛 **Garten des slowenischen PEN-Zentrums,** wo sich auch das hauseigene 🍴 **PEN Restaurant** (Društvo slovenskih pisateljev, Tomšičeva ulica 12, Tel. +386 01 251 41 60, Mo–Fr 12–23 Uhr, Sa, So und Fei geschlossen) befindet. Ursprünglich war das 1967 eröffnete Restaurant nur für die Mitglieder des Schriftstellerverbandes reserviert, aber seit einigen Jahren ist es auch für die Öffentlichkeit zugänglich und erfreut sich größter Popularität. Das Essensangebot ist sehr vielfältig, es gibt eine Salatbar und als Begleitung ausgewählte slowenische Sortenweine. Bei Schönwetter kann man das Essen im herrlichen Gastgarten genießen, Tischreservierung wird empfohlen.

Vom PEN-Zentrum bietet sich eine Exkursion ins Botschaftsviertel an. Sie gehen einfach die Prešernova cesta hinter dem Nationalmuseum entlang und kommen zu einer Reihe von bezaubernden Villen aus der Jahrhundertwende. Zuerst sehen Sie die repräsentativen 🏛 **Botschaftsvillen der USA** (Prešernova cesta 31) und dahinter die 🏛 **Botschaft der Russischen Föderation** (Windischerjeva ulica 3). Als Nächstes ist auf der rechten Seite die 🏛 **Botschaft der Bundesrepublik Deutschland** (Prešernova cesta 27) und nach der Kreuzung sehen wir das prächtige 🏛 **Gebäude des slowenischen Außenministeriums** (Prešernova cesta 25) mit Uhrturm, das 1912 nach den Plänen von Maks Fabiani errichtet wurde. Ursprünglich war hier das Mädcheninternat und Lyzeum Mladika beheimatet. Nach dem Außenminis-

---

★ UNBEDINGT HINGEHEN

Jazz Club Gajo → Seite 86
Kavarna Moderna → Seite 86
Čolnarna Park
Tivoli → Seite 91

---

terium kommt man zur Villa der 🏛 **Botschaft Österreichs** (Prešernova cesta 23), die im Jahre 1895 im englischen Cottagestil erbaut wurde.

Wir gehen auf der Prešernova cesta vorbei am Haus des slowenischen PEN-Zentrums, wo sich gleich daneben der beliebte 🍷 **Jazz Club Gajo** (Tomšičeva ulica 12, Tel. +386 031 33 75 25, www.jazzclubgajo.com, Mai bis Sept.) befindet. Dieser erstklassige Club ist nur in der warmen Jahreszeit aktiv und veranstaltet jeden Montag Livekonzerte und Jamsessions im Gastgarten. Auf der anderen Straßenseite befindet sich im flachen, weißen Gebäude mit dem Säuleneingang die **15 Moderne Galerie** (Moderna galerija Ljubljana, Cankarjeva cesta 15, Tel. +386 01 241 68 34, www.mg-lj.si, Di–So 10–18 Uhr). Das Haus wurde 1951 nach den Plänen von Edvard Ravnikar gebaut und gewährt mit der ständigen Ausstellung einen tiefen Einblick in das slowenische Kunstschaffen des 20. Jhs. Die Galerie ist auch Partner der Internationalen Grafik-Biennale, die jedes ungerade Jahr in Ljubljana stattfindet. Inhaber einer Ljubljana Card und Kinder zahlen keinen Eintritt, Normalpreis ist € 5,–, Studenten zahlen € 2,50. Im unteren Bereich der Modernen Galerie erwartet Sie das tolle ☕ **Café Moderna** (Kavarna Moderna, Cankarjeva cesta 15, Tel. +386 41 33 69 27, Di–So 10–20 Uhr) im stilvollen Ambiente, das auf jeden Fall einen Besuch wert ist. Mit der hauseigenen Rösterei bereitet man im Moderna sechs verschiedene Kaffeesorten zu, die bei Schönwetter auch an einem Stand vor der Galerie serviert werden.

Wir gehen von der Modernen Galerie auf die andere Seite der Flanierstraße Cankarjeva cesta und kommen zu einem monumentalen Palais im Neorenaissancestil aus dem Jahre 1896, in dem sich die **16 Slowenische Nationalgalerie** (Narodna galerija, Prešernova cesta 24, Tel. +386 01 241 54 18, www

Moderne Galerie: Slowenische Kunst des 20. Jahrhunderts

.ng-slo.si, Di–So 10–18, Do 10–20 Uhr, Mo geschlossen) befindet. Ursprünglich war in diesem Haus der Narodni dom, das zentrale slowenische Kulturhaus, beheimatet. Hier hat man Konzerte und Theateraufführungen veranstaltet, es gab ein Restaurant und hinter dem Palais war ein Garten mit Tanzfläche. 1918 siedelte sich hier die Nationalgalerie an. Sie beherbergt die größte Sammlung bildender Kunst Sloweniens, die sich vom hohen Mittelalter bis zum 20. Jh. erstreckt. Die ständige Sammlung umfasst rund 600 Bilder von Künstlern aus Slowenien und dem gesamten Europa. Wegen Platzmangels wurde 1993 ein weiteres Haus angeschlossen, mit dem das alte Gebäude seit 2002 durch eine Glaskonstruktion verbunden ist, die einige Architekturpreise bekommen hat. Im Glaskubus, der den Eingangsbereich bildet, steht auch der Brunnen der Krainer Flüsse (siehe Route 1) von Francesco Robba, einer der größten Barockschätze der Stadt. Für Kinder und Inhaber der Ljubljana Card ist der Eintritt frei, Normalpreis ist € 7,–, für Studenten € 3,–. Die Nationalgalerie hat auch ein Café mit Gastgarten und einer großen Auswahl an Mehlspeisen und Eis.

Direkt neben der weitläufigen Nationalgalerie befindet sich ein kleiner Park, in dem die unverkennbare **Serbisch-orthodoxe Kirche** (Pravoslavna cerkev v Ljubljani, Prešernova cesta 36) steht. Die Kirche ist den Heiligen Slawenaposteln Cyril und Methodius gewidmet und das einzige orthodoxe Kirchengebäude Sloweniens. Das Gotteshaus

Allee im weitläufigen Tivoli-Park

wurde 1936 erbaut, aber erst 2005 vom serbischen Patriarchen und Metropoliten von Belgrad Pavle offiziell geweiht. Seit 2010 ist die Serbisch-orthodoxe Kirche Ljubljanas ein städtisches Kulturdenkmal von besonderer Bedeutung.

Vom Kirchengebäude im Park gehen wir wieder entlang der Cankarjeva ulica durch eine Unterführung, die uns, vielleicht auch mit Begleitmusik von Straßenmusikern, direkt in den 18 **Tivoli-Park** führt. Das ist die größte und schönste Parkanlage der Stadt, die zugleich als Naturpark geschützt ist und viele romantische Spazierwege sowie Kultur- und Freizeiteinrichtungen bietet. Ursprünglich wurde der weitläufige Park vom französischen Ingenieur Jean Blanchard im Jahre 1813 angelegt, um den Bewohnern der Stadt Bewegung an der frischen Luft zu ermöglichen. Er verband die Gärten der beiden Schlösser Podturn und Cekinov grad und verschönerte den neu entstandenen Park nach französischem Vorbild mit Kastanienalleen, Ziergärten und Springbrunnen. Auch heute noch nutzten die Bewohner Ljubljanas den Park für sportliche Betätigung und es gibt sogar einen eigens dafür eingerichteten Fitnessweg mit Turngeräten. Wir befinden uns auf der zentralen Jakopič-Promenade, die von Jože Plečnik angelegt wurde. Hier werden das ganze Jahr über internationale Fotoausstellungen im Freien organisiert, die man beim gemütlichen Spaziergang besuchen kann. Sie können auf diesem mit den für Plečnik typischen Laternensäulen verzierten

Fotoausstellungen auf der zentralen Jakopič-Promenade im Tivoli-Park

Verbindungsweg direkt zum Schloss Tivoli (Grad Tivoli) gehen. Wir lassen uns aber Zeit und genießen die Ausdehnung des Parks, indem wir nicht den direkten Weg wählen, sondern an der nächsten Möglichkeit links abbiegen. Nach einigen Minuten kommen wir an einem großen Kinderspielplatz vorbei und gelangen zum 🏛 **Tivoli-Fischteich** (Ribnik Tivoli). Dieser wurde im Jahre 1880 am Westrand des Parks angelegt, in der Nähe befindet sich auch ein kleiner botanischer Garten mit 🏛 **Gewächshaus** (Rastlinjak, Cesta 27. aprila 2, Di–So 11–17 Uhr). Hier gibt es auch einen wunderschönen 🏛 **Rosengarten** (Rozarij), in dem seit Neuestem auch eine besondere weiße Rose mit dem Namen „Ljubljana" gezüchtet wird. Im Frühling und im Sommer ist es hier am schönsten, bei Schlechtwetter kann man im Gewächshaus tropische und fleischfressende Pflanzen bestaunen. Der Eintritt in den Rosengarten und das Gewächshaus ist kostenlos. Weil Bewegung in der Natur hungrig und durstig macht, gibt es praktischerweise gleich neben dem Fischteich ein Lokal, das 🍴 **Čolnarna Park Tivoli** (Cesta 27. aprila 2a, Mo–So 10–18 Uhr). Mit Blick auf den Park und den Teich kann man hier inmitten der grünen Idylle entspannen. Das Lokal bietet neben selbstgemachten Limonaden vor allem eine große

Tivoli-Park: Statue eines nackten Jungen mit Flöte

Auswahl an Eispalatschinken *(palačinke)* mit verschiedenen Füllungen. Bei Schönwetter kann man sich auch einen Liegestuhl nehmen und im Bereich des Rosengartens entspannen, allerdings muss man sich dann selbst bedienen. In der wärmeren Jahreszeit wird hier übrigens auch eine immer beliebtere Bibliothek im Freien organisiert, bei der man Bücher ausleihen oder tauschen kann.

Wir gehen oberhalb des Fischteichs wieder in Richtung der zentralen Jakopič-Allee und kommen zu einem steilen Aufgang, wo wir die 🏛 **Statue eines nackten Jungen mit Flöte** sehen. Diese Figur ist jedem Slowenen bekannt, auch wenn er noch nie in Ljubljana gewesen ist. Der slowenische

Rundfunk (RTV-Slovenija) verwendet nämlich genau diesen Jungen, der einen Hirten (Pastirček) als seine Kennfigur darstellen soll. Die kleine Statue stammt aus dem Jahre 1946 vom Bildhauer Zdenko Kalin (1911–1990), der unter anderem auch das Relief am Hauptportal des Parlaments gestaltete (siehe Route 3).

Auf der Jakopič-Allee kommen wir zum Ziel unserer Tour, dem ⟨19⟩ **Schloss Tivoli,** in dem sich auch das 🏛 **Internationale Kunstgrafikzentrum** (Grad Tivoli, MGMC, Pod Turnom 3, Tel. +386 01 241 38 00, www.mglc-lj.si, Di–So 10–18 Uhr) befindet. Ursprünglich stand an dieser Stelle bereits im 13. Jh. ein Verteidigungsturm, der jedoch bei kriegerischen Auseinandersetzungen zwischen den konkurrierenden Adelsgeschlechtern der Spanheimer und den Grafen von Cilli (Celje) zerstört wurde. Das heutige Schlossgebäude wurde im Jahre 1703 von Jesuiten erbaut, die hier einen Ort für ihre Freizeitgestaltung schufen. Als der Jesuitenorden aufgelassen wurde, war hier die Sommerresidenz der Bischöfe von Ljubljana, die Obstgärten und Grünanlagen einrichten ließen. Mitte des 19. Jhs. wurde das Anwesen von Kaiser Franz Joseph I. gekauft, der es dem berühmten Feldmarschall Radetzky schenkte. Dieser renovierte das Gebäude und den Park und machte Letzeren für die Öffentlichkeit zugänglich. Einige Jahre später retournierte er den Besitz wieder an den Kaiser. Am Ende des 19. Jhs. kaufte die Stadtgemeinde das Schloss und es wurde zu einem Vergnügungsort mit Kaffeehaus und Restaurant umgestaltet. Der Springbrunnen und die Eingangstreppe mit

Schloss Tivoli, heute Sitz des Internationalen Kunstgrafikzentrums

den zungenlosen Hundestatuen kamen erst im Jahre 1870 hinzu. Seit 1967 ist das Schloss Tivoli Sitz des Internationalen Kunstgrafikzentrums mit einer der europaweit wichtigsten ständigen Grafiksammlung, bestehend aus rund 10.000 Arbeiten aus dem 20. Jh. Die meisten Arbeiten stammen aus der Pariser Schule, aus Osteuropa und Ljubljana. Im Schloss werden laufend wechselnde Ausstellungen organisiert. Aufgrund des großen Interesses gibt es ein Studienkabinett für Menschen, die sich intensiver mit den Kunstwerken und der dazugehörigen Literatur befassen wollen. Der reguläre Eintritt ins Grafikzentrum kostet € 5,–, Studenten zahlen € 2,50, Inhaber der Ljubljana Card und Kinder zahlen keinen Eintritt. Im Schloss befindet sich das **Kaffeehaus Bienale** (Caffe Bienale, Tel. +386 041 34 41 89, Mo–So 10–20 Uhr, Juli bis Aug. Mo–So 10–22 Uhr). Ein besonderes Angebot des Hauses ist das sonntägliche Frühstücksticket, das den Besuch einer Ausstellung in der Galerie des Internationalen Kunstgrafikzentrums mit Kaffee und Croissant (10–12 Uhr um € 5,–) umfasst.

Weitere Exkurse

Vom Schloss Tivoli aus gibt es einige Möglichkeiten, die Tour mit weiteren Ausflügen zu verlängern. Die grüne Hauptstadt Ljubljana hat noch viel zu bieten.

★ Grüne Hauptstadt Europas

Jedes Jahr wird eine europäische Hauptstadt von der Europäischen Kommission zur „European Green Capital" ernannt. Die EU will damit auf Städte aufmerksam machen, die aufgrund ihrer Bemühungen im Bereich nachhaltiger Wirtschaft, Umweltschutz und Lebensqualität als Vorbilder für andere Städte wirken können. Ljubljana erhielt 2016 diesen Titel, als Anerkennung für die in kürzester Zeit durchgeführten positiven Veränderungen: So etwa wurde der öffentliche Verkehr ausgebaut und der Individualverkehr in der Innenstadt zugunsten der Fußgänger zurückgedrängt. Bereits 2014 betrug der Anteil an getrenntem Müll 63 Prozent und Ljubljana war die erste EU-Hauptstadt, die sich am Programm „Zero Waste Europe" beteiligte.

Man kann entweder weiter im Park verweilen oder zum Beispiel eine Exkursion zum Schloss Cekinov grad Richtung Stadtteil Šiška machen. Vom Schloss Tivoli spazieren Sie, wenn Sie wieder Richtung Zentrum gehen, einfach den Weg Pod turnom links entlang und biegen dann in einen der vielen Parkwege ein, auf denen Sie nach etwa 500 Metern zum beliebten ★ **Sportbad Tivoli** (Kopališče Tivoli, Celovška cesta 25, Tel. +386 01 430 66 68,

Im Schloss Cekinov grad befindet sich das Museum der Zeitgeschichte

www.sport-ljubljana.si, Sept. bis Juni Mo–Fr 6–14, Di–Fr 18–22, Sa, So und Fei 10–20 Uhr) kommen. Im gleichen Gebäude gibt es auch ein 🍷 **Bowlingcenter mit Restaurant und Lounge** (Bowling Club Spider, Celovška cesta 24, Tel. +386 059 01 28 00, www.bowlingspider.si, Mo–Fr 15–24, Sa 10–24, So 10–22 Uhr). Neben Bowling auf sechs Bahnen gibt es hier auch die Möglichkeit, Billard oder Tischfußball zu spielen. Zudem gibt es ein reichhaltiges Angebot an Pizzas und Fingerfood. Von hier aus kommen Sie auf dem Weg Celovška cesta direkt zum [20] **Schloss Cekinov grad**, in dem sich das 🏛 **Museum der Zeitgeschichte Sloweniens** (Muzej novejše zgodovine Slovenije, Celovška cesta 23, +386 01 300 96 10, www.muzej-nz.si, Di–So 10–18 Uhr, Mo und Fei geschlossen) befindet. Dieses spätbarocke Schloss wurde ursprünglich am Rande des Tivoli-Parks im Auftrag des Grafen Leopold Karl Lamberg zwischen 1752 und 1755 gebaut. Für ein Gebäude des Spätbarocks ist es außen mit eher zarten Schmuckelementen versehen, wobei sich der 🏛 **Große Rittersaal** (Viteška dvorana) im ersten Stock in voller historischer Pracht zeigt. Er ist mit zwei schönen barocken Öfen ausgestattet. Im Museum der Zeitgeschichte Sloweniens können Sie sich in der Dauerausstellung über das 20. Jh. genau über die geschichtliche Entwicklung des Landes seit Beginn des Ersten Weltkriegs informieren. Die Ausstellung ist in sechs thematische Bereiche gegliedert und führt die Besucher über die beiden Weltkriege und die Gründung des kommunistischen Jugoslawiens bis zur Unabhängigkeit der Republik Slowenien im Jahre 1991. Jeden ersten Sonntag im Monat ist der Eintritt ins Museum frei. Unweit vom Museum befindet sich die ★ **Sporthalle Tivoli** (Hala Tivoli, Celovška cesta 25, Tel. +386 051 62 21 62, www.sport-ljubljana.si), in der der städtische Eishockeyclub Olimpija Ljubljana beheimatet ist. Der Verein ist slowenischer Rekordmeister und spielte auch in der österreichischen Eishockeyliga mit, in der er

2008 Vizemeister wurde. In der Hala Tivoli finden auch regelmäßig Basketballspiele statt, 2013 wurde hier etwa die Vorrundengruppe der Europameisterschaft ausgetragen. Basketball ist in Slowenien ein äußerst beliebter Sport und aus dem hiesigen Verein KK Union Olimpija Ljubljana haben bereits 14 Spieler in der besten Liga der Welt, der NBA, gespielt. In der großen Eishalle kann man hier von Oktober bis April Schlittschuhlaufen (Do 19–20.30, Sa 10.30–11.30 und 19.30–21.30, So 10–11.30 und 17–18.30 Uhr) und im Sommer stehen zehn Tennisplätze sowie ein Skatepark zur Verfügung.

Falls Sie mit Familie und Kindern unterwegs sind, bietet sich vom Schloss Tivoli eine Exkursion zum Zoo von Ljubljana an. Vom Schloss Tivoli gehen Sie Richtung Süden auf dem Weg Pod turnom, bis Sie zum Ende des Parks an der Cesta 27. aprila kommen. Sie folgen dieser Straße, die zur Večna pot wird, wenn sie am Waldinstitut (Gozdarski inštitut Slovenije, Večna pot 2) vorbeikommen. Auf diesem Weg kommen Sie nach etwa 20 Minuten zum 21 **Zoo von Ljubljana** (Živalski vrt Ljubljana, Večna pot 70, +386 01 244 21 88, www .zoo.si, Jan. bis Feb., Nov. bis Dez. 9–16.30, März und Okt. 9–17, April und Sept. 9–18, Mai bis Aug. 9–19 Uhr). Der Zoo liegt mitten im geschützten Gebiet des Landschaftsparks Tivoli. In dieser natürlichen Waldumgebung können Sie vor allem Tiere sehen, die aus den pannonischen, alpinen und mediterranen Gebieten Sloweniens bzw. Mitteleuropas kommen. Neben einheimischen Arten wie dem Braunbären oder dem Wolf gibt es auch exoti-

Ein Bewohner im Zoo von Ljubljana, der Rote Panda

Die Kirche Mariä Heimsuchung auf dem Rožnik-Hügel

sche Tiere wie den sibirischen Tiger oder Giraffen. Besonders für Kinder und Jugendliche werden einige spannende Erlebnismöglichkeiten geboten. So kann man zum Beispiel nach Voranmeldung an der Kassa bei einer Tierfütterung mitmachen, es gibt eine geleitete Führung durch den Zoo mit Fotosafari und man kann in den Beruf des Tierpflegers hineinschnuppern (Eintritt: Erwachsene € 8,–, Studenten € 7,– und Schüler € 5,50). Von hier aus können Sie an der Haltestelle Živalsi vrt mit dem Bus Nr. 18 wieder zurück ins Zentrum fahren.

Vom Schloss Tivoli kann man auch schöne kürzere oder längere Wanderungen ins grüne Wald- und Hügelgebiet westlich des Stadtzentrums machen. Die Exkursion auf den **Rožnik-Hügel** ist bei den Einwohnern von Ljubljana so beliebt, dass Ljubljana außerhalb der Touristensaison am Wochenende halb leer ist, weil so viele Einheimische entlang dieser grünen Waldstrecke wandern. Sie gehen vom Schloss Tivoli den Weg Pod turnom Richtung Süden und bleiben auf diesem Pfad, der später zum Podrožniška pot wird. Auf diesem Weg kommen Sie zum **Gasthaus Čad** (Gostilna Čad, Cesta na Rožnik 18, Tel. +386 01 251 34 46, www.gosilna-cad.si, täglich 11–23 Uhr). Seit über 120 Jahren befindet sich hier eines der beliebtesten Gasthäuser Ljubljanas, in dem man vor allem zünftige Speisen vom Grill serviert bekommt. Von hier aus gehen Sie weiter auf der Cesta na Rožnik und folgen den Hinweistafeln zur Hügelspitze Cankarjev vrh, an der

die rosarote 🏛 **Kirche Mariä Heimsuchung** (Cerkev Marijinega obiskanja) steht. Die Kurzwanderung sollte nicht viel länger als dreißig Minuten dauern. Für passionierte Wanderer und Sportbegeisterte empfiehlt sich vom Rožnik aus der 🌟 **Grüne Ring** (POT-Pot spominov in tovarištva, www.zeleniprstan.si). Zu diesem 35 Kilometer langen Erinnerungsweg, der 1985 entlang des ehemaligen Stacheldrahtes der faschistischen Okkupation angelegt wurde, kommen Sie vom Rožnik, wenn Sie auf dem Weg Večna pot Richtung Stadtteil Koseze gehen, wo Sie den künstlichen ★ **See Koseški bajer** erreichen. Dort kommen Sie auf einen Fußgängerpfad mit Bänken, der zum Grünen Ring Ljubljanas gehört, der an acht Kontrollpunkten das gesamte äußere Stadtgebiet umschließt und durchwegs markiert ist. Der Gedenk- und Erholungsweg ist ganzjährig begehbar, man kann ihn auch mit dem Rad befahren und im Winter werden teilweise Loipen für Skilangläufer gespurt.

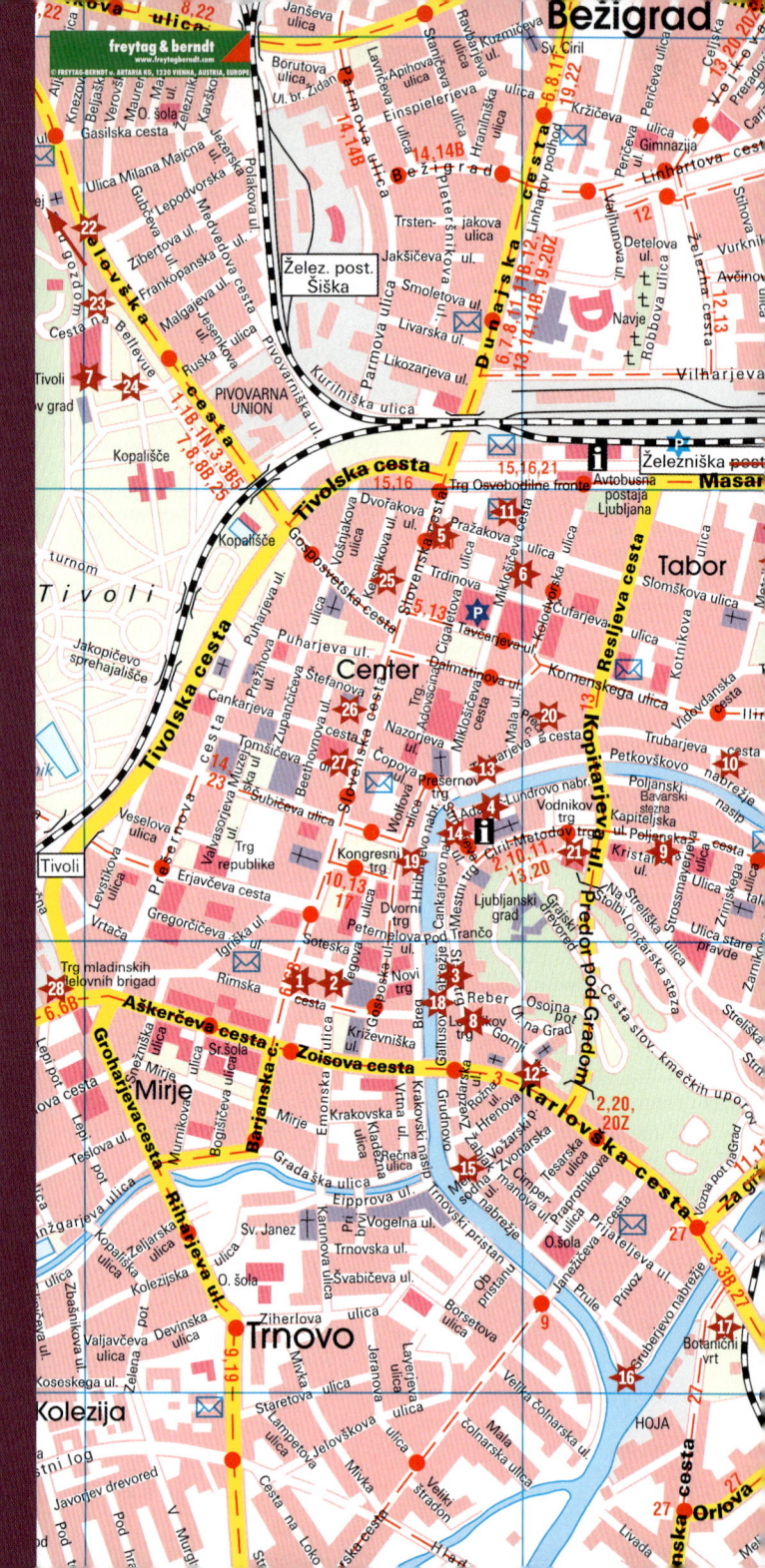

Ljubljana bei Nacht

5 Essen, Trinken und das bunte Nachtleben von Ljubljana

In diesem Kapitel wird die Route nicht als ein bestimmter Weg von A nach B beschrieben, es handelt sich vielmehr um persönliche Empfehlungen für besuchenswerte Restaurants, Cafés und Fortgehlokale bzw. Klubs der Stadt.

Die Slowenen sind zwar keine großen Frühstücker, dennoch gibt es in Ljubljana ein paar exzellente Cafés, die genau darauf spezialisiert sind: den Morgen so genussvoll wie möglich beginnen zu lassen. Anschließend werden wir die außergewöhnlichsten Destinationen für ein ordentliches Mittag- oder Abendessen und die sehr bunte Café- und Konditoreiszene kennen lernen, wo vor allem die jungen Bewohner der Stadt vom Nachmittag bis zum Sonnenuntergang, den man natürlich am besten direkt am Fluss genießt, sitzen.

Schließlich verraten wir Ihnen, wo nicht nur Touristen, sondern auch Einheimische auf ein Bier, oder auch zwei, gehen.

Essen

Eine der beliebtesten Frühstücksdestinationen der Stadt ist das 1 **Bazilika,** das bereits an vier verschiedenen Standorten vertreten ist, wobei das neueste direkt neben dem beliebten Freilufttheater Križanke steht und somit die interessanteste Filiale ist (Bazilika Križanke, Trg francoske revolucije 5, Tel. +386 051 66 60 65, www.bazilika.si, Mo–Sa 7.30–23, So 7.30–17 Uhr). Hier wird großer Wert auf organisches, veganes und vegetarisches Essen mit frischen Zutaten gelegt. Man kann Sandwiches, Kuchen, Brownies und frisch gepresste Säfte bestellen und bei Schönwetter im Gastgarten sitzen. Gleich daneben ist das 2 **Le Petit Café** (Trg francoske revolucije 4, Tel. +386 01 251 25 75, www.lepetit.si, Mo–So 7.30–1 Uhr), wo man vor allem französische und slowenische Köstlichkeiten zum Frühstück serviert bekommt. Allein das Omelette- und Eierspeisenangebot umfasst hier 14 Variationen, es gibt belgische Waffeln mit unterschiedlichen Füllungen und natürlich darf auch eine Bandbreite an ordentlichen Quiches nicht fehlen. Wo sonst außerhalb Frankreichs können Sie am Platz der französischen Revolution in einem französischen Café Ihr Frühstück genießen? Nutzen Sie die Gelegenheit! Sollten Sie zum Frühstück gern Tee trinken, dann ist das Teehaus 3 **Čajna hiša pod Velbom** (Stari trg 3, Tel. +386 01 421 24 40, Mo–Fr 9–20, Sa 9–15, So 10–14 Uhr) genau das Richtige. Es ist der perfekte Ort mitten in der Altstadt, um eine gute Tasse Tee zu genießen. Wenn Sie sich nicht so gut mit ausgewählten Teesorten auskennen, werden Sie vom freundlichen Personal des kleinen Teehauses gut beraten, und für den kleinen Hunger gibt es Sandwiches oder Kuchen. In historischem Ambiente können Sie Ihr Frühstück oder Ihren Fünfuhrtee genießen; im angeschlossenen Teeshop gibt es eine große Auswahl an Teesorten aus der ganzen Welt zum Mitnehmen für zu Hause.

Zu Beginn unserer kulinarischen Tour möchte ich Ihnen die frohe Botschaft verkünden, dass es in Slowe-

Bazilika Križanke

Teehaus Čajna hiša pod Velbom

nien und Ljubljana so gut wie keine Touristenfallen gibt. Sie werden fast überall, auch in unbekannten Lokalen, zu vernünftigen Preisen gutes Essen bekommen. Obwohl jedes Jahr mehr Gäste auf die „Sonnenseite der Alpen" (so lautet ein ehemaliger Werbeslogan des slowenischen Tourismusverbandes) reisen und nach Ljubljana kommen, wurden keine extremen Preisanhebungen vorgenommen. Sie müssen nicht stundenlang nach versteckten Ecken suchen und Sie werden nicht über den Tisch gezogen. Bei dieser Tour geht es nicht ausschließlich um die Essensqualität, sondern auch um die originellsten Konzepte. In den letzten Jahren hat sich auf dem Gebiet der Kulinarik in Ljubljana sehr viel getan. Man hat sich intensiv mit der Essensgeschichte dieser Stadt beschäftigt, sich seiner Wurzeln besonnen, diese Grundlage mit neuen Ideen kombiniert und ein ganzheitliches kulinarisches Konzept kreiert. Die besten Köche der Stadt arbeiten zusammen und die typischen Gerichte Ljubljanas finden sich unter dem Label „Okusi Ljubljane" (Geschmäcker Ljubljanas) in allen ausgewählten Restaurants. Dazu zählen zum Beispiel die originale Krainer Wurst *(kranjska klobasa)*, Rindsuppe mit dünn geschnittenen Nudeln *(goveja juha z rezanci)*, Rapunzelsalat *(Vodnikova rapunclova solata)* oder die Laibacher Eierspeise *(ljubljanska jajčna jed)*, gekocht nach dem Rezept aus dem meistverkauften slowenischen Kochbuch: „Slovenska kuharica" von Magdalena Knafelj Pleiweis aus dem Jahre 1868. Ein in den letzten Jahren wieder aufgegriffenes, typisches Gericht sind die geröste-

Zwischen März und Oktober findet das Street-Food-Festival „Odprta kuhna" statt

ten Erdäpfel *(pražen krompir)*, die schon nah dran waren, von Pommes als Beilage verdrängt zu werden. Im Jahre 2000 wurde in Ljubljana ein „Verein zur Anerkennung von Röstkartoffeln als eigenständiges Gericht" (www.prazen.krompir.si) gegründet, der zunächst als Scherz gemeint war, mittlerweile jedoch große Röstkartoffel-Festivals in ganz Slowenien und in den Nachbarländern organisiert. Die Mitglieder haben im Laufe der Zeit über hundert Rezepte für dieses Gericht gesammelt, mittlerweile ist es wieder zurück auf den Speisekarten der Stadt und die gerösteten Kartoffeln sind auch tatsächlich als eigenständiges Gericht auf der Liste „Okusi Ljubljane" vertreten, womit der Verein sein Ziel erreicht hat. Das kulinarische Angebot Ljubljanas ist aufgrund der zentralen Lage in Slowenien und in Europa eine bunte Mischung mit Einflüssen aus Italien, Österreich, Ungarn und dem Balkan. In Ljubljana bekommt man alle regionalen Spezialitäten Sloweniens, die vor allem auf dem zentralen Marktplatz angeboten werden. Dort findet seit fünf Jahren zwischen März und Oktober das kulinarische Street-Food-Festival „Odprta kuhna" (offene Küche) statt, das jede Saison tausende von Menschen auf den Markt Pogačarjev trg am Fluss Ljubljanica lockt. Jeden Freitag kochen rund fünfzig Küchenchefs aus ganz Slowenien die verschiedensten Gerichte im Freien auf höchstem Niveau zu äußerst günstigen Preisen. Das Festival hat sich zum fixen Bestandteil des kulinarischen Angebots von Ljubljana entwickelt, 2014 wurde es mit dem „Jakob-Preis" für Qua-

Street-Food-Festival „Odprta kuhna": Genuss wird hier großgeschrieben

Für Naschkatzen: potica, štrudelj und gibanica auf höchstem Niveau

litätstourismus in der Alpen-Adria Region ausgezeichnet. Eine weitere herrliche Institution des kulinarischen Angebotes in Ljubljana ist das Projekt „Učilna okusov" ganz in der Nähe der berühmten Drachenbrücke (Zmajski most) in den Marktarkaden von Jože Plečnik (Učilna okusov, Adamič-Lundrovo nabrežje 1–7, Tel. +386 01 292 77 85, www.ucilna-okusov.si, Mo–Fr 8–16, Sa 8–14 Uhr). Hierbei handelt es sich um die Zusammenarbeit dreier Biotechnik- und Gastronomieschulen aus Maribor, Novo Mesto und Ljubljana, die hier ihren Lehrlingen und Studenten eine praxisnahe Ausbildung bieten. Gleichzeitig ist das Verkostungs- und Verkaufslokal als Bildungsraum der regionalen Geschmäcker für Besucher gedacht. Sie können hier ausgewählte Bioprodukte kaufen und im eigenen Lokal werden Verkostungsmenüs mit Weinbegleitung zu unschlagbar günstigen Preisen angeboten.

In der Nähe des zentralen Marktplatzes setzen wir unsere Lokaltour mit dem **Fischimbiss Ribca** (Okrepčevalnica Ribca, Adamič-Lundrovo nabrežje 1, Tel. +386 01 425 15 44, www.ribca.si, Mo 8–16, Di–Sa 8–21, So 11–18 Uhr) fort, zu dem wir über die Treppen am Anfang der Markthallen kommen. Die Kombination von frischem Fisch in Verbindung mit der Location zwischen den Drei Brücken (Tromostovje), dem Fluss Ljubljanica und den Markthallen von Plečnik ist einfach unschlagbar. Zu niedrigen Preisen bekommt man hier zwischen 11.30 und 15 Uhr Mittagsmenüs, die man mit Blick auf die Unterseite der Drei Brücken mit dem Fluss genießen kann, oder man nimmt das Essen mit auf den nahe gelegenen Prešeren-Platz. Das Angebot ist reich an verschiedensten gebratenen, gekochten und frittierten Fischgerichten oder Meeresfrüchten. Im Bereich der schnellen Küche gibt es in Ljubljana vor allem eines: Burek. Diese kalorienreichen gefüllten Blätterteigtaschen

🍴 UNBEDINGT HINGEHEN

Odprta kuhna (Ljubljanas Street-Food-Festival) → Seite 104
Ribca (Fischimbiss in Traumlage) → Seite 105
Špica (Café am Strand von Ljubljana) → Seite 112

aus der Balkanregion werden auch in den meisten Bäckereien und Geschäften angeboten und zählen zum beliebtesten Straßenessen überhaupt. Die Meinungen gehen zwar auseinander, aber diese beiden Institutionen sind auf jeden Fall zu empfehlen: das **5 Olimpija Burek** (Slovenska cesta 58, täglich rund um die Uhr) und das **6 Nobel Burek** (Miklošičeva cesta 30, täglich rund um die Uhr). Beide befinden sich in der Nähe des Hauptbahnhofs und beide bieten Bureks mit Käse, Fleisch oder als beliebte Pizzavariante an. Welche Sorte allerdings die beste ist, das müssen Sie selbst herausfinden. Ein weiterer Klassiker des Imbissangebotes von Ljubljana ist das **7 Hot-Horse** (Celovška cesta 25, Tel. +386 031 70 97 16, www.hot-horse.si, täglich 9–6 Uhr) am Rande des Tivoli-Parks, neben der Sporthalle. Wie der Name bereits verrät, handelt es sich dabei um einen Imbiss, der auf Pferdefleisch spezialisiert ist. Der stadtbekannte Klassiker ist der Pferdefleisch-Burger (Horsburger), es gibt aber auch Pferdefleisch-Leberkäse *(mesni sir)* und Pferdefleischwürste als Hot-Dog *(Hot-Horse s konjsko klobaso)*. Für alle, die nicht genug vom angeblich sehr gesunden Pferdefleisch, das arm an Kalorien und reich an Eisen ist, bekommen können, gibt es auch einen Pferdeleberaufstrich *(konjska jetrna pašteta)*. Die Betreiber des Hot-Horse versichern, dass sie nur Qualitätsfleisch von ausgewählten heimischen Anbietern verwenden.

In den letzten Jahren gibt es in Ljubljana einige Restaurants, die auf hohem Niveau kochen und durch Inklusion von Küchenpersonal mit Schwierigkeiten in der geistigen oder körperlichen Entwicklung als soziale Projekte funktionieren. Im Zusammenhang mit dieser äußerst erfreulichen zwischenmenschlichen Entwicklung ist das Restaurant **8 Druga Violina** (Stari trg 21, Tel. +386 08 205 25 06, täglich 8–24 Uhr) sehr empfehlenswert. Das Lokal liegt direkt im Altstadtkern, hat einen der schönsten und beliebtesten Gastgärten am historischen Platz Stari trg und bietet einen

Das Druga Violina am historischen Stari trg

guten Überblick über die kulinarische Tradition Ljubljanas, und das bei äußerst günstigen Preisen. Empfehlenswert sind etwa die selbstgemachten *štruklji* (süße oder salzige, mit Topfen gefüllte Teigrollen) nach Laibacher Art *(Ljubljanski štruklji),* die nach alter Tradition mit Butterhefeteig gemacht werden. Vor allem Freunde der gutbürgerlichen Küche werden hier voll auf ihre Kosten kommen, denn es gibt neben der Krainer Wurst *(kranjska klobasa)* mit Röstkartoffeln auch Kalbsragout *(telečji ragu),* Lungenbraten *(pljučna pečenka)* oder Rindsuppe mit Leberknödeln *(goveja juha z jetrnimi cmoki).* In der Nähe des berühmten Bügeleisen-Bauwerks (Peglezen, Poljanska cesta 1) von Plečnik befindet sich unter dem Namen **9 Gostilna Dela** („Gasthaus der Arbeit", Poljanska cesta 7, Tel. +386 059 92 54 46, Mo–Fr 7–16, Do 17–20 Uhr, Sa, So und Fei geschlossen) ein weiteres sozial engagiertes Gasthaus. Dieses Lokal ist gleichzeitig ein Sozialprojekt, bei dem arbeitslose Jugendliche aus sozial benachteiligten Gruppen sowie Invalide die Möglichkeit einer Beschäftigung mit Ausbildung bekommen. Die Auswahl umfasst sowohl zentralslowenische wie auch mediterrane Gerichte mit jeweils drei preiswerten Tagesmenüs. Es gibt Süßspeisen sowie eine Salatbar und man kann das Essen auch mitnehmen.

In einer der beliebtesten und buntesten Flaniergassen Ljubljanas, der Trubarjeva cesta, befindet sich das **10 Skuhna** (Trubarjeva cesta 56, Tel. +386 041 33 99 78, www.skuhna.si, Mo–Mi 11.30–18, Do 11.30–24, Fr 11.30–23, Sa 12–20 Uhr), das wohl interna-

★ Krainer Wurst

Die Krainer Wurst *(kranjska klobasa)* stammt aus dem historischen Gebiet Krain *(Kranjska)* in Zentralslowenien und entwickelte sich im 19. Jh. zu einer regionalen Köstlichkeit, die sich auch heute sowohl in Slowenien wie auch in Österreich größter Beliebtheit erfreut. Seit 2015 sind die originalen Krainer Würste eine von der EU geschützte Spezialität, die nur von zertifizierten Fleischereibetrieben aus bestem Schweinefleisch erzeugt werden dürfen und mit einem Holzspies verbunden sein müssen. Nach überlieferten Rezepten werden Krainer Würste mit Meersalz, Pfeffer und Knoblauch gewürzt und heiß über Buchenholz geräuchert. Krainer Würste werden traditionell mit geröstetem Sauerkraut oder sauren Rüben serviert, oder auch mit Senf und Kren und einem Kaisersemmerl *(kajzerica)*.

---

tionalste Lokal der Stadt. Auch das Skuhna versteht sich als soziales Unternehmen, in dem Migranten und Flüchtlinge vor allem aus Afrika, Asien und Südamerika die Möglichkeit erhalten, ihre Kultur auf kulinarische Art mit den Einwohnern Ljubljanas zu teilen. Neben dem Restaurantbetrieb werden auch Caterings, Hochzeiten und Kulturveranstaltungen organisiert. Ganz besonders zu empfehlen ist das spezielle Abendessen, bei dem jeden Freitag ab 19 Uhr Menüs aus aller Welt mit fünf Gängen und Kulturprogramm angeboten werden. Es gibt sicher in ganz Ljubljana kein ähnlich authentisches Angebot an exotischer Küche wie im Skuhna. Das Motto ist: Reisen um die Erde mit den Geschmäckern der Welt.

Wenn Sie sich einen feinen kulinarischen Abend in einem Spitzenrestaurant gönnen wollen, dann ist das **JB** (Miklošičeva cesta 17, Tel. +386 01 430 70 70, www.jb-slo.com, Mo–Fr 12–23, Sa 18–23 Uhr, So und Fei geschlossen) genau der richtige Ort dafür. Der Restaurantname trägt die Kürzel des Küchenchefs Janez Bratovš, der mit seiner Mischung aus slowenischer Küche und französischer Cuisine jedes Jahr unter den besten Restaurants Europas gelistet ist und es 2010 auch schon unter die besten hundert der Welt geschafft hat. Das Menü des Hauses an einer der schönsten Straßen Ljubljanas richtet sich streng nach dem saisonalen Angebot und wird täglich angepasst. Für Feinschmecker gibt es drei verschiedene Verkostungsmenüs, die auch preislich unterschiedlich gestaltet sind und einen guten Einblick in die Küchenphilosophie des Spitzenkochs Janez Bratovš geben.

Direkt in der Altstadt gibt es im **Restaurant Špajza** (Gornji trg 28, Tel. +386 01 425

Küchenchef Janez Bratovš vor seinem Restaurant JP

30 94, www.spajza-restaurant.si, Mo–Sa 12–23, So und Fei 12–22 Uhr) authentische slowenische Küche zu vernünftigen Preisen und in gemütlichem Ambiente. Sehr romantisch zwischen Burghügel und Fluss gelegen, bietet das Haus auch einen gemütlichen Gastgarten, in dem man in aller Ruhe abseits des Stadttrubels speisen kann. Im Špajza werden frische Produkte vom Zentralmarkt verwendet, neben Fischspezialitäten gibt es auch eine gute Auswahl an Wildgerichten, z. B. das Filet vom Hirschen *(jelenov file)* oder vom Hasen *(zajčji file)*. Hier gibt es auch selbstgemachte slowenische Nudelspezialitäten wie z. B. mit Kartoffeln gefüllte Teigtaschen namens *žlikrofi* aus Idrija oder *fuži* aus Istrien, die meist mit Trüffeln verfeinert werden. Das Špajza bietet mit seiner umfangreichen Weinkarte einen guten Überblick über das Weinland Slowenien. Aus dem Podravje-Gebiet an der Drau im Nordosten des Landes mit Maribor (Marburg) als größter Weinstadt mit der ältesten Weinrebe der Welt (über 400 Jahre alt), kommen vor allem Weiß-

🍴 UNBEDINGT HINGEHEN

Pivnica Union (die größte Bierhalle der Stadt) → Seite 116
Kino Šiška (urbanes Kulturzentrum) → Seite 115
Druga Violina (tolles Essen mit sozialem Engagement)
→ Seite 106

weine. Die häufigsten Sorten aus diesem Gebiet sind *Laški rizling* (Welschriesling), *Šipon* (Furmint), *Rizling* oder *Renski rizling* (Riesling), Chardonnay und der edelsüße *Rumeni muškat* (Gelber Muskateller).

Café Cacao am Flussufer

Aus dem Primorska-Gebiet im Südwesten entlang der Adriaküste mit der Hafenstadt Koper als wichtigstem Weinzentrum kommen vor allem die Weißweinsorten *Malvazija* (Malvasia) und *Rebula* (Ribolla). In diesem Gebiet wird auch viel Rotwein angebaut, wie etwa der Teran (Terrano) oder der *Refošk* (Refosco). Beide Weine werden aus der gleichen Refosco-Traube gemacht, nur der *Teran* bekommt seine tiefrote Farbe und seinen vollen Geschmack aufgrund des Terra-rossa-Bodens im Karstgebiet nördlich von Koper und Triest. Der *Refošk* ist etwas milder im Geschmack. Aus dem Posavje-Gebiet entlang der Flusses Sava im Südosten Sloweniens kommen vor allem die Sorten *Beli pinot* (Weißburgunder) und *Modra frankinja* (Blaufränkisch). Spitzenweine, die das Špajza anbietet, kommen nur aus den ersten beiden genannten Anbaugebieten, während aus dem letztgenannten vor allem Tafelwein kommt.

Cafés und Konditoreien
Nachdem wir gut gespeist haben, bietet sich ein gemütlicher Spaziergang zum Fluss Ljubljanica an, wo auf beiden Seiten des Ufers ein Café nach dem anderen zum Verweilen einlädt. In Ljubljana genießt man es, bis zum Sonnenuntergang in einem der zahlreichen Gastgärten der Kaffeehäuser und Bars am Fluss zu sitzen. Einer der beliebtesten Abschnitte der Einheimischen ist der Petkovškovo nabrežje zwischen der Drachenbrücke und den Drei Brücken von Plečnik, auf der anderen Seite des Markts. An schönen Tagen ist hier alles voller sonnenhungriger Menschen. Das An-

gebot ist vielfältig. In diesem Bereich des Flussufers befindet sich das 13 **Café Cacao** (Kavarna Cacao, Petkovškovo nabrežje 3, Tel. +386 01 430 17 71, www.cacao.si, Sommer: täglich 8–24 Uhr, Winter: Mo–Do 8–22, Fr und Sa 8–23, So und Fei 8–24 Uhr) mit sehr guten Süßspeisen und dem wahrscheinlich besten Eis der Stadt. Das Kaffeehaus mit Konditorei an der Ljubljanica bietet vom Gastgarten aus einen tollen Blick auf die Arkaden der Markthallen von Plečnik und an wärmeren Tagen ist es der beliebteste Ort, um auf ein Eis zu gehen. Das liegt nicht nur am Ausblick, sondern auch an der Qualität und der Sortenvielfalt des hausgemachten Eises. Ein weiterer Pluspunkt ist, dass man bei den Portionen wahrlich nicht spart. Die Kugeln sind üppig und füllen den Becher großzügig aus.

Über die berühmten Drei Brücken (Tromostovje) kommen Sie von hier aus auf die andere Seite des Flusses, wo die nächste süße Verlockung am Kai in Form der 14 **Konditorei Lolita** (Slaščičarna Lolita, Cankarjevo nabrežje 1, Tel. +386 041 34 41 89, www.kaval-group.si, Mo–Sa 8.30–23, So und Fei 8.30–22 Uhr) wartet. Das Lolita hat seine Räumlichkeiten im noblen Neorenaissance-Palais Filipov dvorec, das auf der rechten Seite den Eingang zur Altstadt markiert. Hier befand sich einst das Kaffeehaus Mayer als beliebter Treffpunkt des hiesigen Bürgertums. Das Lolita knüpft an die Tradition dieses klassischen Kaffeehauses an und bietet in modernem Ambiente erstklassige Süßspeisen, kreiert vom erfolgreichen Meisterkonditor Gorazd Potočnik. Neben Torten, Kuchen und Cremeschnitten

Die Konditorei Lolita im noblen Palais Filipov dvorec

kann man hier auch kandierte Orangen und Rosenblüten naschen. Sowohl drinnen als auch draußen am Fluss ist das Lolita ein wahrer Traum für Naschkatzen und Kaffeehausliebhaber.

Wenn wir die Promenade Cankarjevo nabrežje Richtung Süden weitergehen, kommen wir an etlichen Cafés und Bars vorbei. Für Katzenliebhaber gibt es ab dem Grudnovo nabrežje seit Neuestem auch ein eigenes **Cat Caffé** (Hrenova ulica 19, Tel. +386 051 38 13 44, www.catcaffeljubljana.com, Mo–Sa 10–19, So und Fei 10–17 Uhr). Hier warten sieben Katzen darauf, von den Gästen

UNBEDINGT HINGEHEN

Špajza (slowenische Küche mit großem Weinangebot)
→ Seite 108
Lolita (die süßeste Versuchung am Fluss) → Seite 111
Cacao (das beste Eis der Innenstadt) → Seite 110

bei einem Kaffee gestreichelt zu werden.

Wenn wir noch weiter den Fluss entlanggehen, kommen wir am Stadtteil Prule vorbei und landen am Strand von Ljubljana mit dem Strandcafé **Špica** (Gruberjevo nabrežje, Tel. +386 070 80 35 32, www.kaval-group.si, Juni bis Okt. täglich 8–24 Uhr, Okt. bis Apr. Mo–Fr 8–17, Sa–So 9–17 Uhr). An dieser Landspitze trifft der Zufluss Gradaščica auf die Ljubljanica, die sich an der Spitze spaltet. Früher war hier tatsächlich ein Badestrand, der aber schon lange aufgrund der Wasserverschmutzung nicht zum Baden genutzt wird. Das könnte sich angesichts der umweltbewussten Stadtplanung in den nächsten Jahren ändern. Auch ohne das Plantschen im kühlen Nass herrscht hier an warmen Sonnentagen eine Stimmung wie am Meer. Das Café Špica bietet neben Getränken und Süßspeisen auch Morgengymnastik, Tanzkurse und abendliche Konzerte an.

Falls man einen Perspektivenwechsel wünscht, kann man auch auf eines der vielen Schiffchen mit angeschlossener Bar wechseln. 2009 hat man von der Landspitze eine neue Brücke gebaut, die zum Botanischen Garten (Botanični vrt) führt, wo man im **Teehaus Primula** (Čajnica Primula, Ižanska cesta 15, Tel. +386 01 427 12 80, www.facebook.com/cajnica.primula/, täglich 9–17 Uhr) die gute Luft und die Ruhe in der Natur bei einer Tasse Tee oder Kaffee genießen kann. Eine besondere Spezialität des Hauses sind neben erlesener Teesorten die Topfenpalatschinken nach Laibacher Art *(Ljubljanska skutina palačinka)*, die mit frischem Estragon gewürzt sind.

Bars und Clubs
Der Übergang vom Kaffeehaus in eine Bar verläuft in

Tozd – beliebte Bar an der Uferpromenade

Ljubljana meist fließend. Wir bleiben zunächst am Ufer der Ljubljanica, denn hier beginnen oft die längeren Abende und Nächte der Stadt. Wir gehen wieder zurück Richtung Zentrum und kommen an der Uferpromenade zum 18 **Tozd** (Gallusovo nabrežje 27, Tel. +386 040 69 94 53, täglich 8.30–1 Uhr). Das Tozd ist eine der beliebtesten Bars der jungen Stadtbevölkerung, die vor allem das gemütliche Flair und das große Craft-Bier-Angebot slowenischer Mikrobrauereien schätzt. Auf der Getränkekarte stehen etwa das nicht filtrierte Human Fish aus dem nahe gelegenen Vrhnika oder das Pelicon aus Ajdovščina im Küstengebiet. Eine Besonderheit dieses Lokals mit Gastgarten ist die Möglichkeit, Schwarzweißfotos von slowenischen Kunstfotografen, die in einer sich ständig verändernden Galerie ausgestellt sind, käuflich zu erwerben. Eine weitere schöne Idee des Hauses ist die öffentliche Bibliothek mit freier Entnahme, wenn man auch ein eigenes Buch spendet.

Wir gehen weiter Richtung Zentrum, wechseln das Flussufer und kommen zum 19 **Makalonca** (Hribarjevo nabrežje 19, Tel. +386 070 85 75 26, täglich 8–3 Uhr), wo es nicht ganz so ruhig zugeht. Das Makalonca ist gerade bei Schönwetter äußerst beliebt und voll, denn hier kann man so nahe am Fluss sitzen wie in keinem anderen Lokal der Innenstadt, dementsprechend begehrt sind die Tische. Wenn man zum ersten Mal in der Stadt unterwegs ist, kann es leicht passieren, dass man es komplett übersieht und daran vorbeiläuft, weil es sich unterhalb des Flussweges befindet. Der Eingang führt über eine

★ Slowenisches Bier

Slowenien wird von zwei Großbrauereien dominiert: der Brauerei Laško in der Nähe von Celje und der Brauerei Union in Ljubljana. Letztere bietet ihren Gästen nicht nur eine neu eingerichtete Bierhalle, sondern auch ein Biermuseum, in dem man sich über die 1864 gegründete Institution erkundigen kann. In den letzten Jahren wurden in ganz Slowenien neue Kleinbrauereien gegründet, die den beiden großen mit ihren Craft-Bieren Konkurrenz machen. Dementsprechend groß ist vor allem in der Hauptstadt die Auswahl an heimischen Gerstensäften in den Lokalen. Einen Überblick über das stetig wachsende Bierangebot der Mikrobrauereien kann man sich in speziellen Biershops machen. Im Zentrum Ljubljanas sind das etwa das Za popen't (Stari trg 5, Tel. +386 1 256 59 16, Mo–Sa 11–20 Uhr) oder der Beer Shop Pr Primožu (Trubarjeva cesta 47, Tel. +386 40 251 024, www.pr-primozu.si, Mo–Fr 12–20 Uhr, Sa 10–14 Uhr).

Treppe hinunter in die ehemalige, vom großen Architekten Jože Plečnik geplante Anlegestelle für Schiffe und Boote. Diese wird schon seit Jahrzehnten als Bar genutzt. Die heutigen Betreiber bieten neben lokalen Biersorten auch eine große Auswahl an köstlichen Burgern zu fairen Preisen.

Wir bleiben auf dieser Seite der Ljubljanica und kommen auf der von Touristen oft übersehenen bunten Trubarjeva cesta zur angesagten neuen Lounge-Bar [20] **Centralna postaja** (Trubarjeva cesta 23, Tel. +386 059 19 04 00, www.centralnapostaja.com, Mo–Mi 8–1, Do–Sa 8–3 Uhr). Der Name des Lokals bedeutet Zentralstation, und tatsächlich betreibt man hier eine hauseigene Radiostation, die über die Homepage die aktuelle Musik des DJs, der jedes Wochenende bei Clubbings auflegt, sendet. Zusätzlich gibt es eine Internetecke, wo man sich auch über alle laufenden Partys der Stadt informieren kann.

Etwas gemütlicher geht es im [21] **Klub Daktari** (Krekov trg 7, Tel. +386 00590 555 38, www.daktari.si, Mo–Sa 8–1, So 9–24 Uhr) direkt auf der gegenüberliegenden Seite des Flusses zu. Tagsüber erinnert das Daktari eher an ein ruhiges Café, eingerichtet im Stile eines heimeligen Wohnzimmers mit Teppichen, überfüllten Bücherregalen und Klavier in der Ecke. Abends kann man bei einem Bier oder Cocktail Blueskonzerte, Lesungen sowie Mini-Theateraufführungen erleben. Das Biersortiment hier ist eines der größten der Stadt und man kann neben einheimischen Sorten unter anderem auch deutsche, tschechische und belgische Bierspe-

Wohnzimmeratmosphäre im Klub Daktari

zialitäten bestellen. Raucher haben im Daktari Glück, denn so einen hübschen Raucherbereich gibt es in Slowenien, wenn überhaupt, selten. Sollte einem langweilig sein: im abgeschotteten Bereich stehen die vollständigen Werke von Lenin im Original bereit.

Wir verlassen die historische Innenstadt am Fluss und begeben uns in den Stadtteil Šiška am Rande des Tivoli-Parks. Dieser Bereich von Ljubljana ist zwar architektonisch nicht so attraktiv, aber das Nachtleben hat hier einiges zu bieten. Wir beginnen die Tour abseits des Stadtzentrums im urbanen Kulturzentrum **Kino Šiška** (Trg prekomorskih brigad 3, Tel. +386 030 31 01 00, www.kinosiska.si). Dieses ehemalige Kino ist in den letzten Jahren zu einer der besten und beliebtesten Locations für Konzerte internationaler Bands aller möglichen Stilrichtungen von Jazz über Metal bis zu Rap und Elektronik geworden. Das Kulturzentrum veranstaltet jährlich mehr als 300 musikalische und kulturelle Veranstaltungen sowie Festivals, wie z. B. das „Druga godba" mit alternativer Musik. Steht gerade kein Liveauftritt auf dem Programm, kann man auch so (Winter: täglich 8–23 Uhr, Sommer: 8–24 Uhr, nach Konzerten bis 2 Uhr) auf ein Getränk gehen, und in der Aula werden öfters Clubabende mit DJs veranstaltet.

Gehen wir entlang des Stadtparks Richtung Hauptbahnhof, kommen wir zur **Lepa žoga** („Schöner Ball", Celovška cesta 43, Tel. +386 01 432 31 09, Mo–Fr 7.30–24, Sa–So und Fei 12–24 Uhr), der wahrscheinlich beliebtesten Sportbar Ljubljanas, die natürlich viel mehr als nur eine Sportbar ist. Hier dreht sich zwar alles um den Ballsport, mit Liveübertragungen, es werden aber auch Konzerte mit Musikgruppen und DJs veranstaltet, die bei Schönwetter im Gastgarten stattfinden. Jeden Mittwoch ist das Lokal voll, denn es hat sich in der Stadt herumgesprochen, dass man an diesem Tag hier die besten und größten Hotdogs von Ljubljana bekommt. Auch sonst werden im Lepa žoga immer wieder Street-Food- sowie Musikfestivals veranstaltet. Nur wenige Minuten weiter entlang der Celovška cesta, die übersetzt übrigens Klagenfurter Straße heißt, kommen wir zur ersten großen Bierhalle der Stadt, der 24 **Pivnica Union** (Celovška cesta 22, Tel. +386 01 471 73 35, www.pivnica-union.si, Mo–Do 11–24, Fr–Sa 11–1 Uhr). Ganze 150 Jahre mussten die Einwohner Ljubljanas warten, bis die Stadtbrauerei Union (gegründet 1864) zum runden Jubiläum eine große Bierhalle eröffnete, die sich wirklich sehen lassen kann. Anders als in historischen Bierkellern ist hier die Inneneinrichtung modern, wobei rote Ziegel und Holztische eine rustikale Stimmung schaffen, bei der das Bier umso besser schmeckt. Neben verschiedenster Union- und Laško-Bieren gibt es ein „Braumeisterbier des Monats" und einige Bierspezialitäten, die nur hier gezapft werden, wie die Sorten Bok, Triglav und Amber. Natürlich gibt es auch zünftiges Essen zum Gerstensaft, wie z. B. die Hausspezialität, das Union-Gulasch mit Semmelknödeln im Kessel gekocht (*unionski golaž s kruhovimi cmoki*) oder die slowenische Häppchenplatte mit der originalen Krainerwurst (*slovenska zakuska*). Es werden auch günstige Bier-Verkostungsmenüs angeboten und für Vegetarier gibt es eine reiche Auswahl an Käsesorten, die zum Bier passen.

Von der größten Bierhalle Ljubljanas ist es nur ein kurzer Weg über die Celovška ulica, die im Zentrum zur Gosposvetska ulica wird, zu einem der ältesten und populärsten Klubs der Stadt, dem 25 **Klub K4** (Kersnikova ulica 4, Tel. +386 01 438 02 61, www.klub-k4.si, Juni bis Sept. geschlossen). Seit mehr als 25 Jahren können sich die Besucher dieser Institution des Nachtlebens darauf verlassen, immer die neuesten Sounds aus der Welt der Klubmusik zu hören, bevor sie auch weltweit populär werden. Die besten und bekanntesten Underground-DJs der Welt legen hier auch unter der Woche auf, und einmal monatlich gibt es am Samstag den K4Roza Klubabend speziell für die Gay-Community Ljubljanas. Das K4 ist mit 40.000 Besuchern jährlich eine der wichtigsten Locations für zeitgenössische urbane Musik in ganz Slowenien.

Wenn man einen etwas edleren und relaxten Klubabend bevorzugt, dann empfiehlt sich der Besuch der 26 **Klub-Lounge Nebotičnik** (Štefanova ulica 1, Tel. +386 040 23 30 78, www.neboticnik.si, So–Mi 9–1, Do–Sa 9–3 Uhr) im einst höchsten Gebäude des ehemaligen Jugoslawiens.

Entlang der großen Flaniermeile Slovenska ulica kommt man zum 27 **Top Six Club** (Tomšičeva ulica 2, Tel. +386 040 66 88 44, www.topsixclub.si, Mo–Do 9–19, Mi–Sa auch 23–5, Sa 23–5 Uhr) in der obersten Etage des Kaufhauses Nama. Hier kann man zu Techno und House Musik mit tollem Ausblick auf die Innenstadt bis spät in die Nacht tanzen.

Weiter außerhalb des Zentrums befindet sich in den Räumlichkeiten der ehemaligen Staatlichen Tabakfabrik der junge 28 **Klub Zoo** (Tržaška cesta 2, Tel. +386 040 53 33 01, www.zoo-club.si, Mo–Do 7–1, Fr 7–5, Sa 10–5 Uhr, So geschlossen). In guter Nachbarschaft mit dem Kreativzentrum Poligon bietet man im Zoo montags gratis Jazzkonzerte, mittwochs gratis Ethno- und Folkkonzerte und freitags und samstags gibt es hier Klubabende mit DJs. Mit zwei Stockwerken und einem Gastgarten hat man für rund 400 Leute Platz. Am anderen Ende der Stadt steht in der Nähe des Hauptbahnhofs der legendärste Rock-Klub Ljubljanas,

In einer ehemaligen Tabakfabrik: Klub Zoo

die 29 **Orto Bar** (Grabovičeva ulica 1, Tel. +386 01 232 16 74, www.orto-bar.com, Di–Mi 21–4, Do–Sa 21–5 Uhr, Juli und Aug. geschlossen). Für Anhänger von Rockmusik in all ihren Varianten, von Punk bis Metal, ist das der richtige Ort, in dem auch regelmäßig Livekonzerte mit slowenischen und internationalen Bands veranstaltet werden. Sehr beliebt ist auch das alljährliche Konzertfestival Orto-Fest, das immer im April stattfindet und fast den ganzen Monat dauert.

Nur einige Minuten vom Hauptbahnhof entfernt befindet sich die außergewöhnliche Metelkova City (Masarykova ulica 24, www.metelkovamesto.org), ein autonomes Künstlergebiet in einem ehemaligen Kasernenkomplex

Im Künstlerviertel Metelkova: Klub Tiffany

der Jugoslawischen Volksarmee (siehe Tour 4). Innerhalb dieses weitläufigen Areals befinden sich einige Klubs und Bars, die am Wochenende auch im Freien für ein vielfältiges Angebot sorgen. Einer der beliebtesten und belebtesten Orte hier ist die 30 **Gala hala** (www.galahala.com, täglich ab 21 Uhr), der nicht nur als Klub, sondern auch als Konzerthalle für Liveauftritte geöffnet hat. Gleich gegenüber befinden sich das 31 **Tiffany** (www.kulturnicenterq.org, Fr 22–5 Uhr, Sa unterschiedlich) und das 32 **Monokel** (www.klubmonokel.com, Fr 22–5 Uhr, Sa unterschiedlich), beides LGBT-freundliche Klubs, in denen vor allem am Wochenende die Lesben- und Schwulenszene Ljubljanas feiert. Das Publikum in der Metelkova City ist so jung und bunt wie Ljubljana selbst.

Informationen und nützliche Adressen

ANREISE

Auto
In Slowenien gilt Licht am Tag ganzjährig für alle Straßenfahrzeuge und die Promillegrenze von 0,5 Promille Alkohol im Blut (für Berufsfahrer 0,0 Promille). Die Höchstgeschwindigkeit im Ortsgebiet beträgt 50 km/h, Außerorts 90 km/h, auf der Schnellstraße 110 km/h und auf der Autobahn 130 km/h. Kinder unter 12 Jahren und kleiner als 1,50 müssen mit einem Rückhaltesystem gesichert werden, bei unzureichender Kindersicherung muss man mit einer Strafe rechnen. Fahrer sind verpflichtet, Warnwesten mitzuführen und diese bei einer Panne anzuziehen. Die Ampeln in Slowenien blinken nicht grün, sie springen sofort auf Gelb. Das Fahrzeug muss bei Gelb sofort stehen bleiben, sonst ist mit einer Strafzahlung zu rechnen. Man braucht für das Fahren auf der slowenischen Autobahn eine Vignette: 7 Tage kosten € 15,–, eine Monatsvignette kostet € 30,– und eine Jahresvignette € 110,–. Die Vignetten sind bereits vor den Grenzübergängen an österreichischen Tankstellen käuflich zu erwerben. Von Wien fährt man über die Route Graz und Maribor nach Ljubljana; von München fährt man über Salzburg, Villach und Kranj in die slowenische Hauptstadt. Weitere Infos auf Englisch: www.dars.si

Bahn
Vom Wiener Hauptbahnhof fährt der Zug EC 151 Emona einmal täglich direkt über Graz und Maribor nach Ljubljana (Fahrzeit: etwas mehr als 6 Stunden). Von Frankfurt fährt der EC 113 einmal täglich Richtung Zagreb über München, Salzburg und Villach ohne Umstieg nach Ljubljana. Für mehr Informationen: www.oebb.at

Bus
Ab Wien und Graz gibt es tägliche Direktverbindungen der Fernbusse von FlixBus (www.flixbus.at). Von Klagenfurt fahren mehrmals täglich Fernbusse über den Flughafen nach Ljubljana (www.alpeadrialine.com). Aus Deutschland fahren Busse von Eurolines (www.eurolines.de) und Intercity-Busse der DB (www.bahn.de) nach Ljubljana.

Flug
Der Flughafen von Ljubljana (Letališče Jožeta Pučnika Ljubljana, www.lju-airport.si) befindet sich rund 25 km nördlich der Stadt. Man kann sowohl mit den städtischen Bussen (www.ap-ljubljana) wie auch mit privaten Shuttle-Diensten (www.goopti.com; www.prevozi-markun.com) ins Zentrum fahren. Der Flughafen wird von der slowenischen Fluglinie Adria Airways angeflogen, die auch für die Austrian Airlines und die Lufthansa Flüge durchführt.

ALLGEMEINE INFORMATIONEN

Notruf
Europaweite Universalnummer 112
Polizei 113

Telefon
Vorwahl für Slowenien +386
Vorwahl für Ljubljana 01
Nach Österreich +43
Nach Deutschland +49
In die Schweiz +41

Post
Pošta Slovenije Ljubljana
1. Slovenska cesta 32, Tel. +386 01 243 19 93, Mo-Fr 8-19, Sa 8-12 Uhr
2. Celovška cesta 121, Tel. +386 01 513 90 70, Mo-Fr 8-19, Sa 8-12 Uhr

Botschaften
Österreichische Botschaft
Prešernova cesta 27, Tel. +386 01 479 07 00, www.bmeia.gv.at
Deutsche Botschaft
Prešernova cesta 27, Tel. +386 01 479 03 00, www.laibach.diplo.de
Schweizer Botschaft
Trg republike 3, Tel. +386 01 200 86 40
www.eda.admin.ch/ljubljana

Feiertage
1. Januar: Neujahr / Novo leto
8. Februar: Kulturfeiertag / Prešernov dan (alle Museen Sloweniens sind gratis zu besichtigen)
März/April: Ostersonntag/Ostermontag / Velika noč
27. April: Tag des Widerstands gegen die Okkupation / Dan upora proti okupatorju
1./2. Mai: Tag der Arbeit / Praznik dela
25. Juni: Unabhängigkeitstag / Dan državnosti
15. August: Mariä Himmelfahrt / Marijino vnebovzetje
31. Oktober: Reformationstag / Dan reformacije
1. November: Totengedenktag / Dan spomina na mrtve
25. Dezember: Weihnachten / Božič
26. Dezember: Tag der Unabhängigkeit und Einheit / Dan samostojnosti in enotnosti

UNTERWEGS IN LJUBLJANA

TOURISTEN-INFORMATIONSZENTREN
Turistično informacijski center Ljubljana (TIC), Adamič-Lundrovo nabrežje 2, Tel. +386 01 306 12 15
Slovenski turistični informacijski center (STIC)
Krekov trg 10, Tel. +386 01 306 45 75
Für mehr Infos: www.visitljubljana.com

Internet
Die innere Stadt von Ljubljana ist flächendeckend mit öffentlich zugänglichem WLAN ausgestattet, in das man sich für eine Stunde täglich unter er Adresse www.wifreeljubljana.si gratis einloggen kann. Die Registrierung erfolgt über die Angabe der eigenen Telefonnummer oder Sie bekommen das Passwort beim Kauf einer Ljubljana Card. Das Surfen im Internet ist auch durch das inzwischen selbstverständliche WLAN-Angebot in fast jedem Lokal der Stadt garantiert. Die Mitarbeiter informieren Sie gerne über das Passwort.

Ljubljana Card
Mit der Ljubljana Card (24 Std.: Erwachsene € 23,– / Kinder € 14,–; 48 Std.: Erwachsene

€ 30,– / Kinder € 18,–; 72 Std.: Erwachsene € 35,– / Kinder € 21,–) bekommt man ein umfassendes Paket an unterschiedlichen Angeboten. Inkludiert sind: Eintritt in die 15 wichtigsten Museen der Stadt, Fahrt mit dem Bus (gilt 90 Min.), Fahrt mit der Standseilbahn auf die Burg, Eintritt auf den Aussichtsturm und das Virtuelle Museum auf der Burg, Fahrt auf einem Touristenboot auf der Ljubljanica, Fahrt mit dem Touristenzug Urban, Stadtbesichtigung, eine Std. Internetzugang und der Eintritt in den Zoo von Ljubljana.

ÖFFENTLICHE VERKEHRSMITTEL

Bus
Die Stadtbusse in Ljubljana fahren im Zentrum durchschnittlich im Zehn-Minuten-Takt, welcher an den wichtigsten Stationen auch digital angezeigt wird. Für die Verwendung der städtischen Busse benötigt man eine Urbana Card, die man an allen Trafiken, Zeitungskiosken und in den Tourismus-Informationszentren kaufen kann. An wichtigen Stationen steht ein Urbanomat, an dem man eine Urbana Card neu erwerben und/oder aufladen kann. Die Grundgebühr für den Erwerb einer Urbana beträgt € 2,–. Die Bezahlung erfolgt bar oder per Bankomat- bzw. Kreditkarte. Eine Fahrt in der Tarifzone 1 des gesamten Stadtgebietes kostet € 1,20 und gilt unabhängig von der Anzahl der Umstiege 90 Minuten. Für mehr Infos über die städtischen Buslinien: www.lpp.si

Elektromobil Kavalir
In der Innenstadt besteht vor allem für ältere und in ihrer Bewegung eingeschränkte Personen die Möglichkeit einer kostenlosen Fahrt mit dem Elektromobil Kavalir. Dieses kleine, umweltfreundliche Fahrzeug wurde speziell für die engen Gassen der Altstadt konzipiert und kann bis zu fünf Fahrgäste zur gewünschten Destination im Zentrum transportieren. Das grüne E-Mobil Kavalir kann man entweder während der Fahrt herbeiwinken oder telefonisch unter der Nummer +386 031 66 63 31 oder +386 031 66 63 32 bestellen. Auch in den beiden Touristen-Informationszentren der Innenstadt ist die Bestellung des Fahrzeugs möglich. Die zwei beheizten Winterfahrzeuge fahren das ganze Jahr über, die offenen Sommermodelle fahren vom 1. April bis 31 Oktober.

Elektrozug Urban
Der strombetriebene Zug Urban fährt täglich um 11, 13, 15 und 17 Uhr vom Rathaus (Mestna hiša, Gasse Stritarjeva ulica) und hält an allen wichtigen Sehenswürdigkeiten und Plätzen der Stadt (Erw. € 8,–, Kinder bis 3 Jahre gratis, Kinder 3–12 Jahren € 4,–, dreiköpfige Familie € 15,–, vielköpfige Familie € 18,–, Familie mit 5 oder mehr Kindern € 21,–). Die Fahrt dauert rund 1,5 Std. und eine Fahrkarte gilt den ganzen Tag, man kann so oft wie gewünscht ein- und aussteigen.

Taxi
Die Startgebühr beträgt im Schnitt zwischen € 0,80 und

€ 1,50 und der Kilometerpreis liegt zwischen € 0,70 und € 1,70. Eine Fahrt vom rund 25 km entfernten Flughafen ins Zentrum sollte nicht mehr als € 45,– kosten, es ist ratsam, sich über den Preis vor der Abfahrt zu informieren. Taxis in Ljubljana kosten weniger, wenn man sie telefonisch bestellt:
Metro Taxi, Tel. +386 041 240, www.taximetro.si
Rumeni taxi, Tel. +386 041 73 18 31, www.rumenitaxi.com

Fahrrad
Verleihsystem BicikeLJ
An 38 Stationen im gesamten Stadtgebiet verteilt kann man sich über das Verleihsystem BicikeLJ Fahrräder ausleihen und damit bis zu 60 Minuten gratis fahren. Das Ausleihen erfolgt über ein Terminal an den Radstationen, an denen man mit Bankomat- oder Kreditkarte zahlen kann. 2 Std. kosten € 1,–, 3 Std. € 2,–, jede weitere Stunde € 4,–. Die Anmeldung für das Benützen der Räder erfolgt online über die Homepage www.bicikelj.si

Ljubljana Bike
Der Fahrradverleih Ljubljana Bike am Slowenischen Touristen-Informationszentrum (STIC, Krekov trg 1) richtet sich vor allem an Besucher, die Ljubljana mit dem Rad erkunden wollen. Verleih: April, Mai, Okt. Mo–Fr 8–19, Sa, So und Fei 9–17 Uhr; Juni–Sept. täglich 8–21 Uhr. 2 Std. kosten € 2,–, ganztägig € 8,–. Der Verleih ist mit der Ljubljana Card bis zu 4 Std. möglich.

Parken
Generell ist es nicht empfehlenswert, mit dem Auto in der Innenstadt unterwegs zu sein, da es viele verkehrsberuhigte Zonen gibt und Parkplätze selten vorhanden sind. Es gibt zwei zentrale Parkhäuser:
Garažna hiša Kongresni trg, Ein- und Ausfahrt an der Slovenska cesta und der Šubičeva cesta unter dem Park Zvezda, Tel. +386 01 256 54 50, 7–24 Uhr, bis 3 Std. Parken € 1,20 pro Std., mehr als 3 Std. Parken € 2,40 pro Std. Nachttarif 24–7 Uhr € 1,80 pro Nacht.
Parkirna hiša Kozolec, Einfahrt an der Dvoržakova ulica, Tel. +386 01 430 25 31, 7–19 Uhr, € 1,20 pro Std., Nachttarif 19–7 Uhr € 1,80 pro Nacht.

Boot
Mehrere Anbieter veranstalten Flussfahrten auf der Ljubljanica. Die meisten Bootsfahrten starten an den Anlegestellen Breg oder Cankarjevo nabrežje. Inhaber einer Ljubljana Card haben Anspruch auf eine Fahrt mit dem Boot „Ljubljana", das bis zu 32 Personen aufnehmen kann und im Winter beheizt ist (Erwachsene € 8,–, Kinder € 5,–). Die Anlegestelle befindet sich am Platz Ribji trg. Fahrplan: 24. Okt. bis 31. März, täglich 10 und 15 Uhr; 1. April bis 30. Sept. 10, 11, 13, 14, 15, 17, 18, 19 und 20 Uhr. Die Bootsfahrt dauert 1 Std. Die Buchung erfolgt entweder in den Touristen-Informationsstellen oder online unter: www.visitljubljana.com

SUP-Touren
An wärmeren Tagen kann man Ljubljana vom Fluss aus auf speziellen SUP-Boards erkun-

den. SUPing (steht für Stand Up Paddling) ist eine Trendsportart, bei der man auf dem Wasserbrett steht und paddelt. Es werden von mehreren Veranstaltern Anfängerkurse und Touren an der Ljubljanica angeboten. Es gibt auch ein breites Angebot für Fortgeschrittene mit SUP-Touren durch die Hauptstadt und ganz Slowenien bei folgenden in Ljubljana ansässigen Anbietern:
Bananaway, Tel. +386 040 23 87 56, www.bananaway.si;
Supslovenia Discovery, Tel. +386 031 37 42 75, www.sup-slovenia-discovery.com

Stadtführungen

Ljubljana Free Tour bieten ausführliche Touren in englischer Sprache ohne Fixpreise. Treffpunkt ist der Prešeren-Platz, die Tour dauert ca. 2,5 Std. (www.ljubljanafreetour.com, 15. Juni bis 15. Okt. täglich 11 und 3 Uhr, 16. Okt. bis 14. Juni täglich 11 Uhr). Die Tour-Guides erwarten je nach Zufriedenheit Trinkgeld von den Gästen. Der private Veranstalter Banananjam organisiert kulinarische Führungen durch die Stadt mit Verkostungen und individueller Betreuung (www.ljubljananjam.si). Vom örtlichen Tourismusbüro werden mehrere Themenführungen durch Ljubljana angeboten. Hier eine Auswahl: „Ljubljana schmecken", „Das römische Ljubljana", „Plečniks Ljubljana", „Craft-Bier-Spaziergang", „Wein-Tour" (www.visitljubljana.com).

KULTUR

Festivals
Druga godba, Ethno- und Weltmusikfestival, Mai, www.drugagodba.si
Ljubljana Festival, ältestes und größtes Festival mit klassischer Musik, Juni bis Aug., www.ljubljanafestival.si
Sommerfestival Podoba Slovenije, Konzerte im Freien, Juni bis Aug., www.imagosloveniae.net
Jazzfestival Ljubljana, Konzerte im Freien an verschiedenen Locations, Juni, Juli, www.ljubljanajazz.si
Mladi levi, internationales Theater- und Tanzfestival, Aug., www.bunker.si
Liffe Festival, internationales Filmfestival, Nov., www.liffe.si
Animateka, internationales Zeichentrickfilmfestival, Dez., www.animateka.si

Konzerte

Klassik
Opera in balet Ljubljana, Župančičeva ulica 1, Tel. +386 0241 59 00, www.opera.si
Slovenska filharmonija, Kongresni trg 10, Tel. +386 0241 08 00, www.filharmonija.si

Jazz
Prulček, Prijateljeva ulica 2, Tel. +386 051 88 16 65, www.prulcek.si
Sax Pub, Eipprova ulica 7, Tel. +386 051 80 44 50, www.saxhostelljubljana.com

Pop & Rock
Cankarjev dom, Prešernova cesta 10, Tel. +386 024 17 11 00, www.cd-cc.si
Križanke, Trg francoske revolucije 1, Tel. +386 024 160 26, www.ljubljanafestival.si

Alternativ
Kino Šiška, Trg prekomorskih brigad 3, Tel. +386 030 31 01 00, www.kinosiska.si
Metelkova City, Masarykova ulica 24, www.metelkovamesto.org

Film

Programmkinos
Kinoteka, Miklošičeva cesta 28, Tel. +386 01 434 25 10, www.kinoteka.si
Kinodvor, Kolodvorska ulica 13, Tel. +386 01 239 22 13, www.kinodvor.org

Unterhaltungskino
Kolosej, Šmartinska cesta 152, Tel. +386 01 520 55 02. www.kolosej.si

Museen
Narodni muzej (Nationalmuseum), Prešernova cesta 20, Tel. +386 01 241 44 00, www.nms.si
Mestni muzej (Städtisches Museum), Gosposka ulica 15, Tel. +386 01 241 25 00, www.mgml.si
Muzej iluzij (Museum der Illusionen), Kongresni trg 13, Tel. +386 01 320 54 66, www.muzejiluzij.si
Slovenski etnografski muzej (Slowenisches ethnografisches Museum), Metelkova ulica 2, Tel. +386 01 300 87 00, www.etno-muzej.si

Galerien
Moderna galerija Ljubljana (Moderne Galerie Ljubljana), Cankarjeva cesta 15, Tel. +386 01 241 68 34, www.mg-lj.si
Galerija ŠKUC, Stari trg 21, Tel. +386 01 251 65 40, www.galerijaskuc.si, Di–So 12–20 Uhr
Narodna galerija (Nationalgalerie), Prešernova cesta 24, Tel. +386 01 241 54 18, www.ng-slo.si
Galerija Jakopič, Slovenska cesta 9, Tel. +386 01 425 40 96, www.mgml.si

RESTAURANTS

Slowenisch
Druga Violina, Stari trg 21, Tel. +386 08 205 25 06, www.facebook.com/drugaviolina
Güjžina, Mestni trg 11, Tel. +386 083 80 64 46, www.prekmurska-gostilna.si
Gostlina Jakob Franc, Trnovski pristan 4, Tel. +386 040 89 71 53
Restavracija Špajza, Gornji trg 28, Tel. +386 01 425 30 94, www.spajza-restaurant.si
Restavracija Strelec, Grajska planota 1, Tel. +386 031 68 76 48, www.kaval-group.si
Sokol, Ciril-Metodov trg 18, Tel. +386 01 439 68 55, www.gostilna-sokol.com

Balkan
Gostilna Čad, Cesta na Rožnik 18, Tel. +386 01 251 34 46, www.gostilna-cad.si
Sarajevo 84, Nazorjeva ulica 12, Tel. +386 01 425 71 06, www.sarajevo84.si

Fisch
Hiša kulinarike Manna, Eipprova ulica 1a, Tel. +386 05 992 23 08, www.kulinarika-manna.si
Okrepčevalnica Ribca, Adamič-Lundrovo nabrežje 1, Tel. +386 01 425 15 44, www.ribca.si
Vino & ribe, Stari trg 28, Tel. +386 031 32 32 52, www.facebook.com/vinoinribe

Französisch
Le Petit Café & Restaurant, Trg francoske revolucije 4, Tel. +386 051 23 13 60, www.lepetit.si
Französische Bäckerei & Bistro Žak, Dalmatinova 2, Tel. +386 01 230 84 74, www.pekarna-zak.si

Mexikanisch
Cantina Mexicana, Knafljev prehod 2, Tel. +386 01 426 93 25, www.cantina.si

Pizza
Pizzeria Osmica, Nazorjeva ulica 8, Tel. +386 01 426 58 72, www.osmica.si
Pizzeria Foculus, Gregorčičeva ulica 3, Tel. +386 01 421 92 95, www.foculus.si
Pizzeria Parma, Trg republike 2, Tel. +386 01 426 82 22, www.picerija.net

Japanisch
Maru, Vodnikova cesta 155, Tel. +386 030 20 02 22, www.maru.si
Sushimama, Wolfova ulica 12, Tel. +386 040 70 20 70, www.sushimama.si

Indisch
Namaste Indian Express, Trubarjeva 31, Tel. +386 01 434 35 30, www.restavracija-namaste.si

Vegetarisch/Vegan
Ajdovo zrno, Trubarjeva 7, Tel. +386 040 83 24 46, www.ajdovo-zrno.si
Zaživ Vegan Bistro, Rimska cesta 23, Tel. +386 059 95 28 98, www.zaziv.si

HOTELS

Empfehlenswerte 4-Sterne-Hotels im Zentrum
Allegro Hotel, Gornji trg 6, Tel. +386 059 11 96 20, www.allegrohotel.si
Central Hotel, Miklošičeva cesta 9, Tel. +386 01 308 43 00, www.union-hotels.eu
Grand Hotel Union, Miklošičeva cesta 1, Tel. +386 01 308 12 70, www.union-hotels.eu
Hotel Cubo, Slovenska cesta 15, Tel. +386 01 425 60 00, www.hotelcubo.com
Hotel Lev, Vošnjakova ulica 1, Tel. +386 01 308 70 00, www.union-hotels.eu
Hotel Slon, Slovenska cesta 34, Tel. +386 01 470 11 00, www.hotelslon.com
Vander Urbani Resort, Krojaška ulica 6, Tel. +386 01 200 90 00, www.vanderhotel.com

Empfehlenswerte 3-Sterne-Hotels im Zentrum
Adora Hotel, Rožna ulica 7, Tel. +386 0820 572 40, www.adorahotel.si
B & B Slamič, Kersnikova ulica 1, Tel. +386 01 433 82 33, www.slamic.si
City Hotel Ljubljana, Dalmatinova ulica 15, Tel. +386 01 239 00 00, www.cityhotel.si
Hotel Emonec, Wolfova ulica 12, Tel. +386 01 200 15 20, www.hotel-emonec.com
Hotel Mrak, Rimska cesta 4, Tel. +386 01 421 96 50, www.hotelmrak.si

Emfehlenswerte Hostels und Pensionen in guter Lage
AdHoc Hostel, Cankarjevo nabrežje 27, Tel. +386 051 26 82 88, www.adhoc-hostel.com
Hostel Fluxus, Tomšičeva ulica 4, Tel. +386 01 251 57 60, www.fluxus-hostel.com
Hostel Celica, Metelkova ulica 8, Tel. +386 01 230 97 00, www.hostelcelica.com
H2O Hostel, Petkovškovo nabrežje 47, Tel. +386 041 66 22 66, www.h2ohostel.com
Hostel Tresor, Čopova ulica 38, Tel. +386 01 200 90 60, www.hostel-tresor.si
Hostel 24, Poljanska cesta 15, Tel. +386 040 780 036, www.hostel24.si
Zeppelin Hostel, Slovenska cesta 47, Tel. +386 059 19 14 27, www.zeppelinhostel.com
Gasthaus und Pension Stari Tišler, Kolodvorska ulica 8, Tel. +386 01 430 33 70, www.stari-tisler.com
Pension Pod lipo, Borštnikov trg 3, Tel. +386 01 251 16 83, www.penzion-podlipo.com

KLEINES WÖRTERBUCH

Aussprache
C, c wie [z] in Ziel
Č, č wie [tsch] in Deutsch
Š, š wie [sch] in Schule
V, v wie [w] in wenig
Z, z wie [s] in Segen od. Sonne
Ž, ž wie [j] in Journalist

Wichtige Wörter und Grußformeln
ja/nein | *ja/ne*
bitte/danke | *prosim/hvala*
alt/neu | *staro/novo*
Eingang | *vhod*
Ausgang | *izhod*
offen/geschlossen | *odprto/zaprto*
Frauen/Männer | *ženske/moški*
Toilette | *stranišče*
Was? | *Kaj?*
gut/schlecht | *dobro/slabo*
groß/klein | *veliko/malo*
Wie bitte? | *Prosim?*
Hilfe! | *Na pomoč!*
Entschuldigung. | *Oprostite.*
Guten Morgen. | *Dobro jutro.*
Guten Tag. | *Dober dan.*
Guten Abend. | *Dober večer.*
Gute Nacht. | *Lahko noč.*
Auf Wiedersehen. | *Nasvidenje.*
Hallo! | *Zdravo!*
Wie ist ihr Name? | *Kako vam je ime?*
Mein Name ist ... | *Ime mi je ...*
Wie geht es Ihnen/dir? | *Kako ste/si?*
Danke, gut. Und Ihnen/dir? | *Hvala, dobro. In vi/ti?*
Ich verstehe Sie/dich nicht. | *Ne razumem vas/te.*
Wie viel kostet es? | *Koliko stane?*
Sprechen Sie Englisch/Deutsch? | *Ali govorite nemško/angleško?*
Ich verstehe nicht. | *Ne razumem.*
Ich verstehe kein Slowenisch. | *Ne razumem slovensko.*

Unterwegs
links/rechts | *levo/desno*
geradeaus | *naravnost*
nah/weit | *blizu/daleč*
Straße | *ulica od. cesta*
Platz | *trg*
Kreuzung | *križišče*
Bahnhof | *železniška postaja*
Stadtzentrum | *center mesta*
Theater | *gledališče*
Museum | *muzej*
Kirche | *cerkev*
Kloster | *samostan*
Schloss/Burg | *graščina/grad*
Markt | *tržnica*
Bank | *banka*
Post | *pošta*
Trafik | *trafika*
Geschäft | *trgovina*
Krankenhaus | *bolnica*
Apotheke | *lekarna*
Parkplatz | *parkirišče*
Autobahn | *avtocesta*
Fluss | *reka*
Gefahr | *pozor*
Polizei | *policija*
Wo ist ...? | *Kje je ...?*
Wo ist die Touristeninformation? | *Kje je turistično informacijski center?*
Können Sie mir helfen? | *Ali mi lahko pomagate?*

Zahlen
eins | *ena*
zwei | *dva*
drei | *tri*
vier | *štiri*
fünf | *pet*
sechs | *šest*
sieben | *sedem*
acht | *osem*
neun | *devet*
zehn | *deset*
zwanzig | *dvajset*
dreißig | *trideset*
vierzig | *štirideset*
fünfzig | *petdeset*

sechzig | *šestdeset*
siebzig | *sedemdeset*
achtzig | *osemdeset*
neunzig | *devetdeset*
hundert | *sto*
tausend | *tisoč*

Wochentage und Monate
Montag | *ponedeljek*
Dienstag | *torek*
Mittwoch | *sreda*
Donnerstag | *četrtek*
Freitag | *petek*
Samstag | *sobota*
Sonntag | *nedelja*
Jänner | *januar*
Februar | *februar*
März | *marec*
April | *april*
Mai | *maj*
Juni | *junij*
Juli | *julij*
August | *avgust*
September | *september*
Oktober | *oktober*
November | *november*
Dezember | *december*

Im Restaurant
Restaurant | *restavracija*
Gasthaus | *gostilna*
Café | *kavarna*
Guten Appetit! | *Dober tek!*
Prost! | *Na zdravje!*
Frühstück | *zajtrk*
Mittagessen | *kosilo*
Abendessen | *večerja*
geöffnet/geschlossen | *odprto/zaprto*
Die Speisekarte bitte. | *Jedilni list, prosim.*
Die Rechnung bitte. | *Račun, prosim.*

Trinken
Getränk | *pijača*
Wasser | *voda*
Mineralwasser | *mineralna voda*
Saft | *sok*
Bier | *pivo*
Rotwein | *rdeče vino*
Weißwein | *belo vino*
Kaffee | *kava*
Kaffee mit Milch | *kava z mlekom*
Schwarzer Kaffee | *črna kava*
Verlängerter | *podaljšana kava*
Türkischer Kaffee | *turška kava*
Tee | *čaj*
Milch | *mleko*

Essen
Suppe | *juha*
Kleines Mittagsmenü | *malica*
Mittagsmenü | *kosilo*
Vorspeise | *predjed*
Hauptspeise | *glavna jed*
Fleisch | *meso*
Gemüse | *zelenjava*
Fisch | *riba*
Kartoffeln | *krompir*
Beilage | *priloga*
Brot | *kruh*
Nachspeise | *sladica*
Obst | *sadje*
Zucker | *sladkor*
Salz | *sol*
Pfeffer | *poper*

Im Hotel
Hotel | *hotel*
Haben Sie ein Zimmer frei? | *Ali imate prosto sobo?*
Einzelzimmer | *enoposteljna soba*
Doppelzimmer | *dvoposteljna soba*
Mit Bad | *s kopalnico*
Wie viel kostet ein Zimmer pro Nacht? | *Koliko stane soba na noč?*
Ich habe reserviert. | *Rezerviral sem.*
Schlüssel | *ključ*
Kann ich mit Kreditkarte zahlen? | *Ali lahko plačam s kreditno kartico?*
Wo kann ich parken? | *Kje lahko parkiram?*

Bildnachweis

Foto: Seite 3: (oben li.) Slovenian Tourist Board/Aleš Fevžer, (oben Mitte) Slovenian Tourist Board/M. Staples, (oben re.) Slovenian Tourist Board/J.Bavcon, (unten li.) Slovenian Tourist Board/Jošt Gantar, (unten Mitte und unten re.) Slovenian Tourist Board/Dunja Wedam; Seite 4/5: Slovenian Tourist Board/Alen Kosmač, Sidarta; Seite 6: Terezija M. Popp; Seite 8: Slovenian Tourist Board/B. Jakše, S. Jerčič; Seite 10: Matija Ošlak; Seite 15: Slovenian Tourist Board/Bogdan Kladnik; Seite 16: Ljubljana Tourist Board Archiv; Seite 18: Slovenian Tourist Board/J. Skok; Seite 19: Slovenian Tourist Board/Aleš Fevžer; Seite 20/21: Slovenian Tourist Board/Matevž Lenarčič; Seite 23: Terezija M. Popp; Seite 24: Slovenian Tourist Board/D. Silpa; Seite 27: Slovenian Tourist Board/Bogdan Kladnik; Seite 28: Slovenian Tourist Board/M. Tancic; Seite 29: Terezija M. Popp; Seite 31: Slovenian Tourist Board/Branko Cvetkovič; Seite 32/33: Slovenian Tourist Board/Darinka Mladenovic; Seite 35: Slovenian Tourist Board/B. Jakše, S. Jerčič; Seite 36: Slovenian Tourist Board/Dunja Wedam; Seite 37: Ljubljana Tourist Board Archiv; Seite 38: Slovenian Tourist Board/M. Staples; Seite 39: Slovenian Tourist Board/Nea Culpa d.o.o.; Seite 40: Slovenian Tourist Board/Dunja Wedam; Seite 42/43: Slovenian Tourist Board/T. Kunst; Seite 45: Slovenian Tourist Board/B. Jakše, S. Jerčič; Seite 46: Matija Ošlak; Seite 47: Slovenian Tourist Board/Bogdan Kladnik; Seite 48: Mini teater/Miha Fras; Seite 51: Slovenian Tourist Board/Dunja Wedam; Seite 52: Slovenian Tourist Board/E. Kase; Seite 53: Slovenian Tourist Board/Mirko Kunšič; Seite 54: Slovenian Tourist Board/B. Jakše, S. Jerčič; Seite 55: Ljubljana Tourist Board Archiv; Seite 57: Slovenian Tourist Board/Nea Culpa d.o.o.; Seite 59: Matija Ošlak; Seite 61: Slovenian Tourist Board/Branko Cvetkovič; Seite 63 und 64: Terezija M. Popp; Seite 65: Slovenian Tourist Board/Nea Culpa d.o.o.; Seite 67: Slovenian Tourist Board/Dean Dubokovič; Seite 69: Terezija M. Popp; Seite 70: Matija Ošlak; Seite 71, 72/73 und 74: Terezija M. Popp; Seite 76: Matija Ošlak; Seite 77: Slovenian Tourist Board/Hostel Celica; Seite 78: Matija Ošlak; Seite 79: Slovenian Tourist Board/Jure Kravanja; Seite 81 und 82: Terezija M. Popp; Seite 83: Slovenian Tourist Board/Aleš Fevžer; Seite 85: Terezija M. Popp; Seite 87: Slovenian Tourist Board/Dunja Wedam; Seite 88/89: Terezija M. Popp; Seite 90: Slovenian Tourist Board/Dunja Wedam; Seite 91: Simon Ošlak-Gerasimov; Seite 92: Terezija M. Popp; Seite 94, 95 und 96/97: Matija Ošlak; Seite 99: Slovenian Tourist Board/Nikola Jurišič; Seite 100 und 101: Terezija M. Popp; Seite 102/103, 104 und 105: Slovenian Tourist Board/Jošt Gantar; Seite 107: Matija Ošlak; Seite 109: Slovenian Tourist Board/Tomo Jesenišnik; Seite 110 und 111: Matija Ošlak; Seite 113: Terezija M. Popp; Seite 115, 117 und 118: Matija Ošlak

Register

A

Akademie d. Wissenschaften u.
  Künste/Slovenska akademija
  znanosti in umetnosti 43
Alter Platz/Stari trg 26
Anker/Sidro 65
Anlegestelle Trnovski pristan ... 53 f.
Anreise 119
Antiquitätenmarkt 50
Archäologischer Park
  Emonska hiša 73
Argentinskí Park 82
Arkaden v. Jože Plečnik ...... 17 ff., 105
Außenministerium,
  slowenisches 86

B

Bambergerhaus/Bambergova
  hiša 82
Bazilika 100
Bienale, Kaffeehaus 93
Bier 114, 116
Bischofspalais/Škofijski
  dvorec .... 22 f.
Blanchard, Jean 90
Bogoslovno Semenišče/
  Priesterseminars 18
Bootsfahrten 122
Botanischen Garten/
  Botanični vrt 112
Botschaft Bundesrepublik
  Deutschland 86
Botschaft Österreich 86
Botschaft Russischen
  Föderation 86
Botschaft USA 85
Botschaften 120
Botschaftsviertel .... 85 f.
Bowling Club Spider 94
Brauhaus Kratochwill/Pivovarna
  in pivnica Kratochwill 59
Brücke von Trnovo/Trnovski
  most 52
Brunnen Neuer Platz 43
Brunnen Konditorei/
  Slaščičarna pri vodnjaku 29
Brunnen Krainer Flüsse 25, 87
BuBBles Champagne
  Vander Bar 27
Bundesrepublik Deutschland,
  Botschaft 86
Burek Olimpija 60
Burgcafé Grajska kavarna 33
Burg, Gaststätte/
  Gostilna na gradu 33
Burghof 32
Burgkapelle St. Georg/
  Kapela sv. Jurija 32
Burg/Ljubljanski grad .... 30 ff.
Busverkehr 121

C

Cacao, Café/Kavarna Cacao 110
Čad, Gasthaus/Gostilna Čad 96
Café Cacao/Kavarna Cacao 110
Café Maxi/Kavarna in
  slaščičarna Maxi 69
Café Moderna/Kavarna
  Moderna 86
Café Nebotičnik 62
Café SEM/Kavarna SEM 78
Café Zvezda/
  Kavarna Zvezda Slon 62
Čajna hiša pod Velbom/
  Teehaus 100
Čajnica Primula/
  Teehaus Primula 112
Cankar, Ivan 68
Cankar, Ivan/Denkmal 68
Cankarjev dom, Kultur- u.
  Kongresszentrum 68
Cat Caffé 112
Cekinov grad, Schloss .... 93 f.
Celica, Hostel 77
Central na lekarna/Palais Mayer 38
Centralna postaja 114
Centromerkur 38
Cerkev Marijinega obiskanja/
  Kirche Mariä Heimsuchung 97
Cerkev srca Jezusovega/
  Herz-Jesu-Kirche .... 79 f.
Cerkev sv. Florijana/
  St.-Florian-Kirche 31
Cerkev sv. Frančiška Asiškega/
  St.-Franziskus-Kirche 55
Cerkev sv. Jakoba/Jakobskirche ... 30
Cerkev sv. Mihaela/
  St.-Michael-Kirche 55
Čevljarski most/
  Schusterbrücke .... 41 ff.
Club Spider, Bowling 94
Čolnarna Park Tivoli 91
Cubo, Hotel 67
Cyanometer 61

D

Daktari, Klub .... 114 f.
Dela Gostilna/
 Gasthaus der Arbeit 107
Demšar, Tone 22
Denkmal Illyrische Provinzen 45
Dolinar, Lojze 46
Domkirche St. Nikolaus/
 Stolnica svetega Nikolaja .... 19 ff.
Drachenbrücke/Zmajski most .... 16 f.
Drei Brücken/Tromostovje .... 39 ff.
Dreifaltigkeitssäule/
 Steber sv. Trojice 67
Druga Violina 106
Društvo slovenskih pisateljev/
 PEN Restaurant 85

E

Elektrizitätswerk/Stara mestna
 elektrarna – Elektro Ljubljana 80
Elektromobil Kavalir 121
Elektrozug Urban 121
Emona .... 44, 48, 66, 72 f., 84
Emonska hiša,
 Archäologischer Park 73
Emporium, Galerie 38
Ethnografisches Museum/
 Slovenski etnografski muzej 78
European Green
 Capital .... 26, 58, 76 f.
European Prize for
 Urban Public Space 26
Evangelische Kirche
 Primož Trubar 82

F

Fabiani, Maks .... 9, 36 f., 79, 81 f., 86
Fahrradverleih/-stationen 60, 122
Fakultät f. Maschinenbau/
 Fakulteta za strojništvo 71
Fakulteta za farmacijo/
 Pharmazeutische Fakultät 72
Fančiščanska cerkev/
 Franziskanerkirche 38
Feiertage 120
Festivals 123
Festivals Ljubljana, Institution 47
Filozofska fakulteta/
 Philosophische Fakultät 71
Fischimbiss Ribca/
 Okrepčevalnica Ribca 105
Flohmarkt 50
Flughafen 119
Foculus, Pizzeria 45
Franziskanerkirche/
 Fančiščanska cerkev 38

Freilufttheater Križanke 47, 100
Frks 66

G

Gajo, Jazz Club 86
Gala hala 118
Galeria River, Pension 50
Galerie Emporium 38
Galerie Hest 43
Galerie ŠKUC 29
Galerien 124
Galerija UAUU 83
Gasthaus Čad/Gostilna Čad 96
Gasthaus der Arbeit/
 Gostilna Dela 107
Gasthaus Güjžina 27
Gasthaus Jakob Franc 51
Gasthaus Sokol 25
Gaststätte in der Burg/
 Gostilna na gradu 33
Gedenktafel France Prešeren 31
Glanz, Vinko 69
Gornji trg/Obere Platz 29
Gostilna Čad/Gasthaus Čad 96
Gostilna Dela/
 Gasthaus der Arbeit 107
Gostilna na gradu/Gaststätte
 in der Burg 33
Grad Tivoli/Schloss Tivoli .... 90 ff.
Gradaščica, Fluss .... 51 f., 112
Grajska kavarna, Burgcafé 33
Grand Hotel Union 81
Großer Rittersaal/
 Viteška dvorana 94
Gruber, Gabriel 30
Gruber, Palais/
 Gruberjeva palača 30
Gruberjeva palača/
 Palais Gruber 30
Grüne Hauptstadt
 Europas .... 26, 58, 75 ff., 93
Grüner Ring/POT-Pot spominov
 in tovarištva 97
Güjžina, Gasthaus 27

H

Hala Tivoli/Tivoli
 Sporthalle .... 94 f.
Hauptbahnhof/Železniška
 postaja Ljubljana .... 57 f.
Hauptmann, Adolf 37
Hauptmann-Haus/
 Hauptmannova hiša 37
Hejnic, Vaclav 81
Herkulesbrunnen/
 Herkulov vodnjak 28

Herz-Jesu-Kirche/
  Cerkev srca Jezusovega .... 79 f.
Hest, Galerie 43
Historische Sporthalle Tabor/
  Sokolski dom .... 79 f.
Hostel Celica 77
Hot-Horse 106
Hotel Cubo 67
Hotels 125
Hrasky, Jan V. 83
Hribar, Ivan 81
Hruby, Anton 83

I

Illusionen, Museum d./
  Muzej iluzij 66
Informationszentrum, Oper/Informacijsko središče opere 84
Int. Kunstgrafikzentrum/
  MGMC .... 92 f.

J

Jakob Franc, Gasthaus 51
Jakobskirche/Cerkev sv. Jakoba ... 30
Jakopič-Galerie 71
Jakopič-Promenade .... 90 ff.
Jakopič, Rihard 71
Jazz Club Gajo 86
JB, Restaurant .... 108 f.
Johannes Paul II. 22
Joyce, James 58
Jugendstil .... 17, 38, 81 f.
Justizpalast/Sodna palača 80

K

K4, Klub 116
Kaffeehaus Bienale 93
Kaffeehaus im NUK/
  Kavarna NUK 44
Kalin, Zdenko 92
Kapela sv. Jurija/
  Burgkapelle St. Georg 32
Kavalir, Elektromobil 121
Kavarna Cacao/Café Cacao 110
Kavarna in slaščičarna Maxi/
  Café Maxi 69
Kavarna Moderna/
  Café Moderna 86
Kavarna NUK/
  Kaffeehaus im NUK 44
Kavarna SEM/Café SEM 78
Kavarna Zvezda Slon/
  Café Zvezda 62
Kazina 66
Kinemathek, slowenische/
  Slovenska kino teka 80

Kino Šiška Kulturzentrum 115
Kinodvor 58
Kip Emonec 66
Kirche Mariä Heimsuchung/
  Cerkev Marijinega
  obiskanja 97
Kirche von Trnovo/
  Trnovska cerkev 52, 54
Klobasarna 23
Kloster von Stična/
  Stiški dvorec 28
Klub Daktari .... 114 f.
Klub K4 116
Klub Zoo 117
Klub-Lounge Nebotičnik 117
Kobe, Boris 43
Koch, Ciril Method 37
Konditorei b. Brunnen/
  Slaščičarna pri vodnjaku 29
Konditorei Lolita/
  Slaščičarna Lolita 111
Kongresni trg .... 64 ff.
Konzerte 123
Kopališče Tivoli/
  Sportbad Tivoli 93
Kopitar, Jernej 50
Koseški bajer, See 97
Krainer Wurst 23, 108
Kratochwill, Brauhaus/Pivovarna
  in pivnica Kratochwill 59
Križanke Freilufttheater 47, 100
KUD France Prešeren
  Kulturverein 53
Kultur- u. Kongresszentrum
  Cankarjev dom 68
Kulturverein KUD France Prešeren/
  Kulturno umetniško društvo
  [KUD] France Prešeren 53
Kulturzentrum Kino Šiška 115
Kunstgalerie MAK 62
Kunstgrafikzentrum/MGMC ...... 92 f.
Künstlerviertel Metelkova/
  Metelkova mesto .... 76 f.

L

Lavrin, Anton 84
Le Petit Café 46, 100
Lepa žoga/Schöner Ball 115
Linhart, Anton Tomaž 50
Ljubljana Card 120
Ljubljanica .... 16 ff., 112 ff.
Ljubljanski grad/Burg .... 30 ff.
Ljudska posojilnica/Gebäude
  Volksdarlehnskasse 82
Lolita, Konditorei/
  Slaščičarna Lolita 111

M

Mahler, Gustav 65
MAK, Kunstgalerie 62
Makalonca 113
Mariä Heimsuchung Kirche/
 Cerkev Marijinega obiskanja 97
Mariensäule/Marijin steber 30
Markt .... 17 ff.
Markthalle .... 17 ff., 105
Martinuzzi, Carlo 67
Maxi Café/Kavarna in
 slaščičarna Maxi 69
Mayer, Palais/
 Central na lekarna 38
Mazedonisch-Orthodoxe
 Glaubensgem. Sloweniens ...... 31 f.
Medved, Matej 22
Mestna galerija/Stadtgalerie 26
Mestna hiša/Rathaus .... 25 f.
Mestni muzej/
 Städtische Museum 48
Mestni trg/Stadtplatz .... 25 f.
Metelkova/
 Metelkova mesto ..... 76 f., 117 f.
MGMC/Kunstgrafikzentrum ...... 92 f.
Miklošič, Fran 81
Miklošič-Park .... 80 ff.
Mini teater 49
Mislej, Luka 19
Moderna Café/
 Kavarna Moderna 86
Moderne Galerie/
 Moderna galerija Ljubljana 86
Monokel 118
Museen 124
Museum d. Illusionen/
 Muzej iluzij 66
Museum zeitgenössische Kunst/
 Muzej sodobne umetnosti
 Metelkova .... 77 f.
Museum Zeitgeschichte
 Sloweniens/Muzej novejše
 zgodovine Slovenije 94
Muzej iluzij/Museum d.
 Illusionen 66
Muzej novejše zgodovine
 Slovenije/Museum
 Zeitgeschichte Sloweniens 94
Muzej sodobne umetnosti
 Metelkova/Museum
 zeitgenössische Kunst .... 77 f.

N

Napoleon .... 23, 45 f.
Naravoslovni muzej/
 Naturkundemuseum 85

Narodna galerija/
 Nationalgalerie .... 86 f.
Narodna in univerzitetna
 knjižnica/National- u.
 Universitätsbibliothek .... 44 f.
Narodni muzej/
 Nationalmuseum 66, 84
Narzissbrunnen 26
National- u. Universitäts-
 bibliothek/Narodna in
 univerzitetna knjižnica ...... 44 f.
Nationalgalerie, slowenische/
 Narodna galerija .... 25, 86 f.
Nationalmuseum/
 Narodni muzej 66, 84
Nationaltheater Drama Ljubljana/
 Slovensko narodno gledališče
 Drama Ljubljana .... 70 f.
Naturkundemuseum/
 Naravoslovni muzej 85
Nebotičnik .... 61 f.
Nebotičnik, Café 62
Nebotičnik, Klub-Lounge 117
Neuen Platz/Novi trg 43
Nobel Burek 106
Notruf 120
Novi trg/Neuen Platz 43
NUK, Kaffeehaus/
 Kavarna NUK 44

O

Obelisk 25
Obere Platz/Gornji trg 29
Odprta kuhna,
 Street-Food-Festival .... 103 f.
Öffentliche Verkehrsmittel 121
Okrepčevalnica Ribca/
 Fischimbiss Ribca 105
Olimpija Burek 60, 106
Open Kitchen,
 Street-Food-Festival .... 103 f.
Oper/SNG Opera in balet 83
Opern-Informationszentrum/
 Informacijsko središče opere .. 84
Orto Bar 117
Osem, Pekarna 29
Österreichische Botschaft 86

P

Palais Gruber/Gruberjeva
 palača 30
Palais Mayer/Central na lekarna . 38
Palais Zois/Zoisova Palača 50
Park slovenske reformacije/
 Argentinski Park 82
Parken 122

Parlament ... 69
Parma, Pizzeria ... 68
Pekarna Osem ... 29
PEN Restaurant/Društvo
slovenskih pisateljev ... 85
PEN-Zentrum ... 85 f.
Pension Galeria River ... 50
Pharmazeutische Fakultät/
Fakulteta za farmacijo ... 72
Philharmonie, slowenische/
Slovenska filharmonija ... 65
Philosophische Fakultät/
Filozofska fakulteta ... 71
Piranske soline ... 28
Pivnica Union ... 116
Pivovarna in pivnica Kratochwill/
Brauhaus Kratochwill ... 59
Pizzeria Foculus ... 45
Pizzeria Parma ... 68
Planetarij Ljubljana/Ploščad
Ajdovščina ... 60
Plečnik-Haus/
Plečnikova hiša ... 52 f.
Plečnik Jože ... 9, 17, 19, 31, 35 ff.
... 67 f., 72, 79, 90, 105, 107, 114
Plečnik Jože, Arkaden ... 17 ff., 105
Plečnikova hiša/
Plečnik-Haus ... 52 f.
Plestenjak, Avgust ... 69
Pod skalco, Pub ... 49
Pokopališče Žale/
Zentralfriedhof Žale ... 54 f.
Pošta Slovenije/Postzentrale ... 63
Postzentrale/Pošta Slovenije ... 63
Pozzo, Andrea ... 22
Präsidentenpalast/
Predsedniška palača ... 70
Pravos-lavna cerkev v Ljubljani/
Serbisch-orthodoxe
Kirche ... 87 f.
Predsedniška palača/
Präsidentenpalast ... 70
Prešeren-Denkmal ... 36 ff.
Prešeren France ... 30, 36
Prešeren France/Gedenktafel ... 31
Prešeren-Platz ... 36 ff.
Priesterseminars/Bogoslovno
Semenišče ... 18
Primula Teehaus/
Čajnica Primula ... 112
Pub Pod skalco ... 49
Putti, Angelo ... 19

R
Rathaus/Mestna hiša ... 25 f.
Ravnikar, Edvard ... 68, 86

Restaurants, Cafés, Clubs – Übersicht
(weitere Restaurants, Seite 124)
Bazilika ... 100
Bowlingcenter Restaurant und
Lounge/Bowling Club Spider ... 94
Brauhaus Kratochwill/Pivovarna
in pivnica Kratochwill ... 59
BuBBles Champagne
Vander Bar ... 27
Burek Olimpija ... 60
Burg, Gaststätte/
Gostilna na gradu ... 33
Burgcafé Grajska kavarna ... 33
Cacao, Café/Kavarna Cacao ... 110
Čad, Gasthaus/Gostilna Čad ... 96
Café Cacao/Kavarna Cacao ... 110
Café Maxi/Kavarna in
slaščičarna Maxi ... 69
Café Moderna/
Kavarna Moderna ... 86
Café Nebotičnik ... 62
Café SEM/Kavarna SEM ... 78
Čajna hiša pod Velbom/
Teehaus ... 100
Čajnica Primula/Teehaus ... 112
Cat Caffé ... 112
Centralna postaja ... 114
Club Spider,
Bowlingcenterrestaurant ... 94
Čolnarna Park Tivoli ... 91
Daktari, Klub ... 114 f.
Dela, Gostilna/
Gasthaus der Arbeit ... 107
Druga Violina ... 106
Fischimbiss Ribca/
Okrepčevalnica Ribca ... 105
Foculus, Pizzeria ... 45
Frks ... 66
Gala hala ... 118
Gasthaus Čad/Gostilna Čad ... 96
Gasthaus Güjžina ... 27
Gasthaus Jakob Franc ... 51
Gaststätte in der Burg/
Gostilna na gradu ... 33
Gostilna Dela/
Gasthaus der Arbeit ... 107
Güjžina, Gasthaus ... 27
Hot-Horse ... 106
Jakob Franc, Gasthaus ... 51
Jazz Club Gajo ... 86
JB, Restaurant ... 108 f.
K4, Klub ... 116
Kaffeehaus NUK/Kavarna
NUK ... 44
Kino Šiška Kulturzentrum ... 115

REGISTER 133

Klobasarna 23
Klub Daktari .... 114 f.
Klub K4 116
Klub Zoo 117
Klub-Lounge Nebotičnik 117
Konditorei b.m Brunnen/
Slaščičarna pri vodnjaku 29
Konditorei Lolita/
Slaščičarna Lolita 111
Kratochwill Brauhaus/
Pivovarna in pivnica
Kratochwill 59
Le Petit Café 46, 100
Lepa žoga/Schöner Ball 115
Lolita, Konditorei/
Slaščičarna Lolita 111
Makalonca 113
Maxi, Café/
Kavarna in slaščičarna Maxi 69
Moderna, Café/
Kavarna Moderna 86
Monokel 118
Nebotičnik, Café 62
Nebotičnik, Klub-Lounge 117
Nobel Burek 106
NUK, Kaffeehaus/
Kavarna NUK 44
Olimpija Burek 60, 106
Orto Bar 117
Parma, Pizzeria 68
PEN Restaurant/Društvo
slovenskih pisateljev 85
Pivnica Union 116
Pizzeria Foculus 45
Pizzeria Parma 68
Pod skalco, Pub 49
Primula, Teehaus/
Čajnica Primula 112
Pub Pod skalco 49
Restaurant JB .... 108 f.
Restaurant Špajza .... 108 f.
Restaurant Strelec 32
Ribca Fischimbiss/
Okrepčevalnica Ribca 105
Sax Pub .... 51 f.
SEM, Café/Kavarna SEM 78
Šestica .... 61 f.
Šiška Kulturzentrum 115
Skuhna 107
Slovenska hiša 41
Sokol, Gasthaus 25
Špajza, Restaurant .... 108 f.
Špica 112
Strelec, Restaurant 32
Teehaus Primula/
Čajnica Primula 112

Teehaus/
Čajna hiša pod Velbom 100
Tiffany 118
Top Six Club 117
Tozd, Bar 113
Žmauc 71
Zoo, Klub 117

Ribca Fischimbiss/
Okrepčevalnica Ribca 105
Rittersaal, großer/
Viteška dvorana 94
Robba, Francesco .. 25 f., 31, 38, 67, 87
Römische Stadtmauer, Mirje ...... 72 f.
Rožnik-Hügel .... 96 f.
Russischen Föderation,
Botschaft 86

S

Salz 28
Sax Pub .... 51 f.
Schloss Cekinov grad .... 93 f.
Schloss Tivoli/Grad Tivoli ... 90 ff.
Schusterbrücke/
Čevljarski most .... 41 ff.
Schweiger-Haus/
Schweigerjeva hiša 28
See, Koseški bajer 97
SEM, Café/Kavarna SEM 78
Serbisch-orthodoxe Kirche/Pravos-
lavna cerkev v Ljubljani .... 87 f.
Šestica .... 61 f.
Sigismundt, Friedrich 38
Šiška Kino Kulturzentrum 115
Škofijski dvorec/Bischofspalais .. 22 f.
ŠKUC, Galerie 29
Skuhna 107
Slaščičarna Lolita/
Konditorei Lolita 111
Slaščičarna pri vodnjaku/
Konditorei b. Brunnen 29
Slovenska akademija znanosti
in umetnosti/Akademie d.
Wissenschaften u. Künste 43
Slovenska cesta .... 57 ff.
Slovenska filharmonija/
Slowenische Philharmonie 65
Slovenska hiša 41
Slovenska kino teka/
Slowenische Kinemathek 80
Slovenski etnografski muzej/
Slowenisches ethnografisches
Museum 78
Slovensko narodno gledališče
Drama Ljubljana/Nationaltheater
Drama Ljubljana .... 70 f.

Slowenische Akademie d. Wissenschaften u. Künste/Slovenska aka - demija znanosti in umetnosti 43
Slowenische Kinemathek/ Slovenska kino teka 80
Slowenische Nationalgalerie .... 25, 86 f.
Slowenische Philharmonie/ Slovenska filharmonija 65
Slowenisches Außenministerium 86
Slowenisches ethnografisches Museum/Slovenski etnografski muzej 78
Slowenisches Nationaltheater Drama/Slovensko narodno gledališče Drama .... 70 f.
SNG Opera in balet/Oper 83
Sodna palača/Justizpalast 80
Sokol, Gasthaus 25
Sokolski dom/ Sporthalle Tabor .... 79 f.
Souvan-Haus/Souvanova hiša 26
Špajza, Restaurant .... 108 f.
Špica 112
Sportbad Tivoli/Kopališče Tivoli 93
Sporthalle Tabor/ Sokolski dom .... 79 f.
Sporthalle Tivoli/Hala Tivoli .... 94 f.
St.-Florian-Kirche/Cerkev sv. Florijana 31
St.-Franziskus-Kirche/Cerkev sv. Frančiška Asiškega 55
St.-Michael-Kirche/Cerkev sv. Mihaela 55
St. Nikolaus Domkirche/ Stolnica svetega Nikolaja .... 19 ff.
Stadtführungen 123
Stadtgalerie/Mestna galerija 26
Städtische Museum/ Mestni muzej 48
Stadtmauer, römische .... 72 f.
Stadtplatz/Mestni trg .... 25 f.
Standseilbahn/vzpenjača 33
Stara mestna elektrarna – Elektro Ljubljana 80
Stari trg/Alter Platz 26
Statue Bewohner des antiken Emona/Kip Emonec 66
Stauwehr/Zapornica der Ljubljanica 55
Steber sv. Trojice/ Dreifaltigkeitssäule 67
Stična, Kloster/Stiški dvorec 28

Stiški dvorec/Kloster von Stična 28
Stolnica svetega Nikolaja/ Domkirche St. Nikolaus .... 19 ff.
Street-Food-Festival Odprta kuhna .... 103 f.
Strelec, Restaurant 32
Šubic, Vladimir 62

T

Tabor Park .... 79 f.
Tabor, Sporthalle/ Sokolski dom .... 79 f.
Taxi 121
Teehaus Primula/ Čajnica Primula 112
Teehaus/Čajna hiša pod Velbom 100
Tiffany 118
tipo-Renesansa 50
Tivoli-Fischteich/Ribnik Tivoli 91
Tivoli-Gewächshaus/Rastlinjak 91
Tivoli-Park .... 89 ff.
Tivoli-Rosengarten/Rozarij 91
Tivoli, Schloss/Grad Tivoli .... 90 ff.
Tivoli Sportbad/Kopališče Tivoli 93
Tivoli Sporthalle/Hala Tivoli .... 94 f.
Tivoli Statue nackter Junge mit Flöte .... 92 f.
Top Six Club 117
Tourismus-Informationszentrum 16, 120
Tozd, Bar 113
Trnovska cerkev/ Kirche von Trnovo 52, 54
Trnovski most/ Brücke von Trnovo 52
Trnovski pristan, Anlegestelle .... 53 f.
Tromostovje/Drei Brücken .... 39 ff.
Trubar, Primož 22, 82

U

UAUU, Galerija 83
Učilna okusov 105
Union, Grand Hotel 81
Universität Ljubljana/ Univerza v Ljubljani 64
Universitätsbibliothek/ Narodna in univerzitetna knjižnica .... 44 f.
Urban, Elektrozug 121
Urbanc-Haus 38
Ursulinenkirche/Uršulinska cerkev sv. Trojice 67
USA, Botschaft 85

V

Vancaš, Josip .... 81 f.
Verkehrsmittel, öffentliche 121
Vodnik, Valentin 17, 50
Volksdarlehnskasse, Gebäude/
  Ljudska posojilnica 82
Vurnik-Haus/Vurnikova hiša ..... 81 f.
Vurnik, Ivan 79, 81
Vurnikova hiša/
  Vurnik-Haus .... 81 f.
vzpenjača/Standseilbahn 33

W

Wagner, Richard 70
Wandfresko/Rathaus 26

Z

Zajec, Ivan 36
Žale Zentralfriedhof/
  Pokopališče Žale .... 54 f.
Zaninović, Jurij 17
Zapornica der Ljubljanica/
  Stauwehr 55
zeitgenössische Kunst, Museum/
  Muzej sodobne umetnosti
  Metelkova .... 77 f.
Zeitgeschichte Sloweniens,
  Museum/Muzej novejše
  zgodovine Slovenije 94
Železniška postaja Ljubljana/
  Hauptbahnhof .... 57 f.
Zentralfriedhof Žale/
  Pokopališče Žale .... 54 f.
Živalski vrt Ljubljana/
  Zoo Ljubljana .... 95 f.
Zmajski most/
  Drachenbrücke .... 16 f.
Žmauc 71
Zois, Palais/Zoisova Palača 50
Zois, Sigismund Žiga 50
Zoisova Palača/Palais Zois 50
Zoo Ljubljana/Živalski vrt
  Ljubljana .... 95 f.
Zoo, Klub 117
Zvezda Café/
  Kavarna Zvezda Slon 62

CITY-WAL

DIE IDEALEN REISEBÜCHER ZUM GEHEN, SEHEN &

Irene Hanappi
Prag
Fünf Routen durch die Hauptstadt
der Tschechischen Republik.
136 Seiten, € 9,90

Emily Walton
Brüssel
Sechs Routen führen zu den
ausgefallensten Orten der Stadt.
136 Seiten, € 12,90

Irene Hanappi
Linz
Fünf Routen durch ober-
österreichs Landeshauptstadt.
128 Seiten, € 9,90

Emily Walton
Salzburg
Sechs Routen durch die
Stadt an der Salzach.
136 Seiten, € 12,90

FALTER VERLAG
DIE BESTEN SEITEN ÖSTERREICHS